Wolfgang Riewe

Geschichten
der
Zuversicht

Luther-Verlag

Bibliographische Information der Deutschen Nationalbibliothek
Die Deutsche Nationalbibliothek verzeichnet diese Publikation
in der Deutschen Nationalbibliographie;
detaillierte bibliographische Daten sind im Internet
über http://dnb.ddb.de abrufbar.
ISBN: 978-3-7858-0555-8

Umwelthinweis:
Dieses Buch wurde auf chlorfrei gebleichtem Papier gedruckt.
© Luther-Verlag, Bielefeld 2008

Umschlaggestaltung: Dipl.-Grafikdesignerin Eva Dietsche, Bochum
Druck und Bindung: AALEXX Druck GmbH Großburgwedel
Printed in Germany

Inhalt

4. VERTRAUEN UND HINTERFRAGEN

5. RUHEN UND BEWEGEN

6. VERGEBEN UND BEFRIEDEN

Vorwort

„Erzähl' uns eine Geschichte", bettelten meine Kinder allabendlich vor dem Zubettgehen. Ohne eine Geschichte mochten sie einfach nicht einschlafen. Ach, was müssen sich Papa oder Mama allabendlich alles einfallen lassen, damit die Kleinen endlich Ruhe geben. Natürlich konnte ich als Redakteur und Theologe meinen Kindern viele gute, interessante Geschichten erzählen; die biblischen Erzählungen baute ich, wenn sie allzu kurz waren, einfach hier und da etwas aus oder ich wählte in der abendlichen Bettrunde Bewährtes aus Grimm's Märchen aus.

Ähnlich gute Erfahrungen machte ich mit frei erzählten Geschichten im Gottesdienst. Bei den Familiengottesdiensten in der kleinen Dorfkirche war es meist rappelvoll. Und wegen der vielen Kinder nicht gerade leise. Je mehr unser Vorbereitungsteam an den Texten „klebte", desto mehr stieg der Geräuschpegel im Kirchenrund. Eines Sonntags wagte ich es, mein ausgefeiltes Manuskript einfach auf dem Pult liegen zu lassen. Ich ging in den Mittelgang und erzählte die Geschichte von Joseph und seinen Brüdern – frei und im direkten Blickkontakt mit meinen großen und kleinen Zuhörern. Plötzlich wurde es ganz still. Man hätte eine Stecknadel fallen hören können.

„Eure Rede sei allezeit lieblich und mit Salz gewürzt", heißt es im Brief an die Kolosser. Ja, ohne Salz schmeckt jede Suppe fade. Auch die „normale" Predigt im Sonntagsgottesdienst verträgt hier und da etwas Würze. Wer Sonntag für Sonntag Gottesdienste gestaltet oder für Gruppen Andachten vorbereitet, macht die Erfahrung: Die Aufmerksamkeit der Zuhörer steigt sofort, wenn erzählt wird. „Der ist der beste Redner, der der Menschen Ohren in Augen verwandeln kann" – dieses arabische Sprichwort sollte sich jeder zu Herzen nehmen, der vor der Aufgabe steht, eine Rede oder eine kleine Ansprache halten zu müssen.

Noch heute sprechen mich manchmal Menschen auf eine kleine Geschichte an, die ich bei ihrer Trauung erzählt oder in *Unsere Kirche* niedergeschrieben habe. Manches andere haben sie längst vergessen, aber diese eine Geschichte ist ihnen nach wie vor präsent. Noch intensiver ist ihre Erinnerung, wenn die Erzählung mit Humor gewürzt war. „Humor ist der Schwimmgürtel auf dem Strom des Lebens", sagt Wilhelm Raabe daher zu Recht. Und etwas anschaulich Erzähltes gerät nicht so schnell in Vergessenheit wie eine Kaskade abstrakter Begriffe. „Das Abstrakte kann niemals das Anschauliche ersetzen", wusste schon Arthur Schopenhauer.

Dieses Buch ist aus einem Zettelkasten entstanden, in dem ich seit 30 Jahren Geschichten, Bilder und Vergleiche gesammelt habe, die das Verstehen grundlegender biblischer Aussagen erleichtern. Nur manche sind ganz „auf meinem eigenen Mist gewachsen"; aber ich habe sie teilweise neu erzählt und den Geschichten jeweils ein Zitat aus Dichtung und Bibel zugeordnet. So ist eine Auswahl von Erzählungen entstanden, die helfen kann, so mancher Festrede, Predigt oder Andacht die notwendige Anschaulichkeit zu geben. Die Zuhörer werden es Ihnen danken, wenn sie etwas Einprägsames mit nach Hause nehmen können.

Bewusst habe ich aus der Fülle des Materials möglichst positive Geschichten ausgewählt, weil ich der Meinung bin, dass gerade Christen der um sich greifenden Depression Mutmachendes entgegensetzen sollten. „Geschichten der Zuversicht" sollen es sein. Ich wünsche jedenfalls von ganzem Herzen, dass die eine oder andere dieser Geschichten in schwierigen Lebenssituationen Mut und Zuversicht schenken kann.

Wie heilsam eine gute Erzählung wirken kann, habe ich vor Jahren bei einer Seniorenfreizeit in der Tagungsstätte „Nordhelle" erlebt. Mit Mühe hatte die Leiterin des Seniorenkreises einen alten Mann dazu überredet, daran teilzunehmen. Nach dem Tod seiner Frau war er in tiefe Traurigkeit verfallen, konnte wegen seines Hüftleidens nur noch an zwei Stöcken gehen und keine Stufen mehr laufen. In der an einen Hang gebauten Tagungsstätte musste er stets den Fahrstuhl benutzen.

Am letzten Abend erzählte ich eine Geschichte, bei der alle mitspielen – und mitlachen konnten. Als die Leiterin und ich nach diesem fröhlichen Abend den alten Herrn zum Fahrstuhl begleiteten, lachte er immer noch Tränen. Er lachte und lachte

– und ging plötzlich, ohne es zu merken, ohne Hilfe die Stufen zum ersten Stock hinauf. Er brauchte seine Krücken in diesem Moment nicht mehr! Eine kleine Geschichte – und die Freude, die von ihr ausging – hatte ihn geheilt.

Bielefeld, August 2008   *Wolfgang Riewe*

Erkennen

und

Suchen

Inzwischen ganz vernünftig

Es ist verblüffend. Als Mark Twain noch Redakteur einer Zeitung war, erhielt er eines Tages den Klagebrief eines 17-Jährigen: „Ich verstehe mich nicht mehr mit meinem Vater. Er ist rückständig und hat keinen Sinn für Modernes. Was soll ich tun?" Mark Twain antwortete: „Ich kann Sie gut verstehen. Als ich 17 Jahre alt war, war mein Vater ebenso ungebildet. Aber haben Sie doch bitte Geduld mit so alten Leuten. Sie entwickeln sich eben langsamer. 10 Jahre später, als ich 27 Jahre alt war, hatte er so viel dazugelernt, dass man sich schon ganz vernünftig mit ihm unterhalten konnte.

Und heute – ob Sie es glauben oder nicht – frage ich gelegentlich meinen Vater, wenn ich keinen Rat mehr weiß. Es ist verblüffend, was der alte Herr in der Zwischenzeit alles dazugelernt hat!"

ÜBERLIEFERT

Alt sein ist ein herrlich Ding,
wenn man nicht verlernt hat,
was Anfangen heißt.
MARTIN BUBER

Lerne gern von den Alten,
und wo ein weiser Mensch ist,
schließ dich ihm an.
JESUS SIRACH 8,8 f.

Was Menschen brauchen

Ein König hatte zwei Söhne. Als er alt wurde, dachte er darüber nach, welchen der beiden er zu seinem Nachfolger einsetzen sollte. Er beschloss, die Weisen seines Landes zu versammeln und rief seine beiden Söhne herbei. Jedem der beiden drückte er fünf Silberstücke in die Hand und sagte: „Füllt mit dem, was ihr für diese beiden Silberstücke bekommt, die Halle in unserem Schloss bis zum Abend. Womit, das ist eure Sache."

Die Weisen sagten zu dem König: „Du hast ihnen eine gute Aufgabe gegeben."

Der älteste Sohn hatte sich inzwischen auf den Weg gemacht und kam an einem Feld vorbei. Dort waren die Landarbeiter gerade dabei, Zuckerrohr zu ernten und in einer Mühle auszupressen. Das ausgepresste Zuckerrohr lag danach nutzlos herum. Er dachte sich: „Das ist eine gute Gelegenheit. Mit diesem nutzlosen Zeug kann ich die Halle meines Vaters bis oben hin füllen." Bald wurde er mit dem Aufseher der Arbeiter handelseinig und sie schafften bis zum späten Abend das ausgedroschene Zuckerrohr in die Halle. Als sie bis oben hin gefüllt war, ging er zu seinem Vater und sagte: „Vater, ich habe deine Aufgabe erfüllt. Auf meinen Bruder brauchst du eigentlich nicht mehr zu warten. Du kannst mich zu deinem Nachfolger machen." Der Vater aber antwortete: „Mein Sohn, es ist noch nicht Abend. Ich werde noch warten."

Bald darauf kam der jüngere Sohn nach Hause. Er bat darum, das ausgedroschene Zuckerrohr wieder aus der Halle zu entfernen. Als dies geschehen war, stellte er in der Mitte der Halle eine Kerze auf und zündete sie an. Ihr Schein füllte die Halle bis in die letzte Ecke hinein.

Der Vater war erstaunt und sagte voller Bewunderung: „Du sollst mein Nachfolger sein. Dein Bruder hat die fünf Silberstücke ausgegeben, um die Halle mit ausgedroschenem, nutzlosem Zuckerrohr zu füllen. Du aber hast nicht einmal ein Silberstück gebraucht, um die Kerze zu kaufen und hast doch die Halle ganz mit Licht erfüllt. Du hast sie mit dem gefüllt, was die Menschen brauchen."

GESCHICHTE AUS DEN PHILIPPINEN

Kannst du kein Stern am Himmel sein,
sei eine Lampe im Haus!
ARABISCHES SPRICHWORT

Ihr seid das Licht der Welt.
Eine Stadt, die auf einem Berge liegt,
kann nicht verborgen sein.
Man zündet auch nicht ein Licht an
und stellt es unter den Scheffel,
sondern auf den Leuchter;
dann leuchtet es allen, die im Hause sind.
MATTHÄUS 5,14 f.

Was uns das Wasser lehrt

Einen Weisen im alten China fragten einmal seine Schüler: „Du stehst nun schon so lange vor diesem Fluss und schaust ins Wasser. Was siehst Du denn da?" Der Weise gab keine Antwort. Er wandte den Blick nicht ab von dem unablässig strömenden Wasser. Endlich sprach er:

„Das Wasser lehrt uns, wie wir leben sollen. Wohin es fließt, bringt es Leben und teilt sich aus an alle, die seiner bedürfen. Es ist gütig und freigiebig.

Die Unebenheiten des Geländes versteht es auszugleichen. Es ist gerecht.

Ohne zu zögern in seinem Lauf stürzt es über Steilwände in die Tiefe. Es ist mutig. Seine Oberfläche ist glatt und ebenmäßig. Aber es kann verborgene Tiefen bilden. Es ist weise.

Felsen, die ihm im Lauf entgegenstehen, umfließt es. Es ist verträglich. Aber seine sanfte Kraft ist Tag und Nacht am Werk, das Hindernis zu beseitigen. Es ist ausdauernd.

Wie viele Windungen es auch auf sich nehmen muss, niemals verliert es die Richtung zu seinem ewigen Ziel, dem Meer, aus dem Auge. Es ist zielbewusst. Und so oft es auch verunreinigt wird, bemüht es sich doch unablässig, wieder rein zu werden. Es hat die Kraft, sich immer wieder zu erneuern."

„Das alles", sagte der Weise, „ist es, warum ich auf das Wasser schaue. Es lehrt mich das rechte Leben."

AUS CHINA

Jeden Tag aufstehen,
auf eigenen Beinen stehen.
Jeden Tag im Leben stehen,
das Alte neu bestehen.
Jeden Tag andere ausstehen
und zu sich selbst stehen.
Jeden Tag verstehen,
dass Gott hinter allem steht.
Jeden Tag aufstehen
zu neuem Leben.
Jeden Tag
neu.

PETRUS CEELEN

Die Weisheit aber, die von Gott kommt,
ist lauter und rein.
Sie sucht den Frieden.
Sie ist freundlich, bereit nachzugeben
und lässt sich etwas sagen.
Sie hat Mitleid mit anderen
und bewirkt immer und überall Gutes.

JAKOBUSBRIEF 3,17 f.

Der Mann und die Palme

Immer wenn er etwas Schönes, Heiles und Gesundes sah, kam es über ihn. Zwanghaft musste der junge Mann jedesmal etwas zerstören. Als er eines Morgens durch eine Oase ging, sah er einen jungen Palmbaum. Er war herrlich gewachsen und streckte seine grünen Fächer in den blauen Himmel. Der junge Mann nahm einen schweren Stein und legte ihn der aufstrebenden Palme mitten in die Krone. „Das wird dein Wachstum bremsen", lachte er hämisch und ging weiter. Die Palme versuchte die schwere Last abzuschütteln. Wenn Wind aufkam, schüttelte und bog sie sich. Aber alles war vergebens. Sie krallte sich tiefer in den Boden, bis ihre Wurzeln verborgene Wasseradern erreichten. Diese Kraft aus der Tiefe und die Sonnenglut aus der Höhe machten sie allmählich zu einer stärkeren Palme – einem geradezu königlichen Baum, der auch den schweren Stein hochstemmen konnte.

Nach Jahren kam der Mann – selbst älter geworden – wieder an der Oase vorbei. Ihm fiel die Palme ein, die jetzt eigentlich ein Krüppelbaum sein musste. Er suchte, fand an der Stelle aber nur eine riesige, hoch aufstrebende Palme, die kräftigste weit und breit. Die Palme senkte ihre Krone im Wind, so dass der Stein sichtbar wurde. Es war, als wollte sie sagen: „Ich danke dir. Deine Last hat mich stark gemacht."

Glück tut gut, aber Leid lässt die Seele wachsen.
    LUDWIG UHLAND

Der Gerechte gedeiht wie die Palme, er wächst wie die Zedern des Libanon. Gepflanzt im Hause des Herrn, gedeihen sie in den Vorhöfen unseres Gottes. Sie tragen Frucht noch im Alter und bleiben voll Saft und Frische; Sie verkünden: Gerecht ist der Herr, mein Fels ist er, an ihm ist kein Unrecht.

PSALM 92,13–16

Wo Himmel und Erde sich berühren

Es waren einmal zwei Mönche, die lasen miteinander in einem alten Buch, am Ende der Welt gäbe es einen Ort, an dem Himmel und Erde sich berührten und das Reich Gottes begänne. Sie beschlossen, diesen Ort zu suchen und nicht umzukehren, ehe sie ihn gefunden hätten. Sie durchwanderten die Welt, bestanden unzählige Gefahren, erlitten alle Entbehrungen, die eine Wanderung durch die ganze Welt fordert, und alle Versuchungen, die einen Menschen von seinem Ziel abbringen können.

Eine Tür sei dort, so hatten sie gelesen. Man brauche nur anzuklopfen und befände sich im Reich Gottes.

Schließlich fanden sie, was sie suchten. Sie klopften an die Tür, bebenden Herzens sahen sie, wie sie sich öffnete. Und als sie eintraten, standen sie zu Hause in ihrer Klosterzelle und sahen sich gegenseitig an. Da begriffen sie: Der Ort, an dem das Reich Gottes beginnt, befindet sich auf der Erde, an der Stelle, die Gott uns zugewiesen hat.

AUS RUSSLAND

Halt an, wo läufst du hin,
der Himmel ist in dir:
Suchst du Gott anderswo,
du fehlst ihn für und für
ANGELUS SILANUS

Siehe, das Reich Gottes
ist mitten unter euch.
LUKAS 17,21b

Drei Frösche

Es waren einmal drei Frösche, die fielen in ein Fass Milch. Als sie nicht wieder herauskommen konnten, sagte einer unter ihnen: „Ach, wir werden schon irgendwie wieder herauskommen. Wir warten einfach ab, bis jemand kommt." Er schwamm so lange herum, bis seine Atemwege von der Milch verklebt waren. Dann ging er unter. Der zweite sagte: „Man kann ja überhaupt nichts machen", und ging gleich unter.

Der dritte sagte: „Wollen wir doch strampeln. Man kann ja nie wissen, wofür es gut ist", und so strampelte er stundenlang. Plötzlich spürte er etwas Festes unter seinen Füßen. Er hatte aus der Milch Butter gestrampelt. Nun kletterte er auf den Butterkloß und sprang hinaus.

ALTE FABEL

Ich war in letzter Zeit in äußerster Gefahr,
mich einfach fallen zu lassen.
Ich, die so standhaft war
gegen das Alter, fing doch an,
mich meinen Jahren anzupassen,
und fragte: Ob ich das noch kann?
Und jenes, soll ich es nicht lassen?
Das ist die Probe: Hab ich Kraft,
dem Selbstmitleid zu widerstehen,
oder bin ich schon so erschlafft,
mich vor dem Leben vorzusehen?
Ich helfe mir, indem ich mich
bewusst belaste und bebürde.
Und meine Kraft erneuert sich.
Und ich bezwing auch diese Hürde.

QUELLE UNBEKANNT

Der Glaube ist eine feste Zuversicht auf das, was man hofft, und ein Nichtzweifeln an dem, was man nicht sieht.

HEBRÄERBRIEF 11,1

Du bist da

In einem Krankenhaus lag ein Kind, das operiert werden sollte. Der Vater hatte es ins Krankenhaus gebracht und versuchte, dem Kind Mut zu machen.

„Papa", sagte das Kind, „ich habe gar keine Angst, wenn du bei mir bleibst." Da sagte der Vater: „Gut, ich bleibe bei dir." Der Arzt erlaubte es, und so setzte sich der Vater an das Bett neben sein Kind. Als das Kind eine Narkose bekommen sollte, sah es nochmals den Vater an und fragte: „Papa, bist du da?" Dann begann die Narkose zu wirken.

„Nun können Sie gehen", meinte der Arzt, als das Kind eingeschlummert war und die Operation beginnen sollte. „Nein", antwortete der Vater. „Ich habe meinem Kind versprochen, bei ihm zu bleiben, und dieses Versprechen möchte ich auch halten."

Die Operation gelang. Als das Kind aus der Narkose erwachte, hielt der Vater noch immer seine Hand. „Papa, du bist da", sagte das Kind ganz leise und lächelte.

VERFASSER UNBEKANNT

Von guten Mächten wunderbar geborgen, erwarten wir getrost, was kommen mag. Gott ist bei uns am Abend und am Morgen und ganz gewiss an jedem neuen Tag.

DIETRICH BONHOEFFER

Wer unter dem Schirm des Höchsten sitzt und unter dem Schatten des Allmächtigen bleibt, der spricht zu dem Herrn: Meine Zuversicht und meine Burg, mein Gott, auf den ich hoffe. Denn er hat seinen Engeln befohlen, dass sie dich behüten auf allen deinen Wegen.

PSALM 91,1.2.11

Die Fische eines Flusses

Die Fische eines Flusses sprachen zueinander: „Man behauptet, dass unser Leben vom Wasser abhängt. Aber wir haben noch niemals Wasser gesehen. Wir wissen nicht, was Wasser ist."

Da sagten einige, die klüger waren als die anderen: „Wir haben gehört, dass im Meer ein gelehrter Fisch lebt, der alle Dinge kennt. Wir wollen zu ihm gehen und ihn bitten, uns das Wasser zu zeigen." So machten sich einige auf und kamen auch endlich in das Meer und fragten den Fisch.

Als der Fisch sie angehört hatte, sagte er: „Oh, ihr dummen Fische! Im Wasser lebt und bewegt ihr euch. Aus dem Wasser seid ihr gekommen. Zum Wasser kehrt ihr wieder zurück. Ihr lebt im Wasser, aber ihr wisst es nicht."

So lebt der Mensch in Gott.
Gott ist in allen Dingen und alle Dinge sind in Gott.
Und doch fragt der Mensch:
Kann es Gott geben?
Was ist Gott?
AUS EINER KLOSTERHANDSCHRIFT

Gott ist nicht ferne von einem jeden unter uns,
denn in ihm leben, weben und sind wir!
APOSTELGESCHICHTE 17,27 f.

Der Sinn des Fastens

Zu einem Mönch, der als Einsiedler fastend und betend in der Wüste an einer kleinen Wasserstelle lebte, kam eine Gruppe neugieriger Reisender. Er war gerade damit beschäftigt, Wasser aus der Zisterne heraufzuziehen. Sie fragten ihn: „Wir würden gern einmal wissen, was euer Fasten eigentlich für einen Sinn hat?"

Der Mönch forderte sie auf: „Schaut in den Brunnen. Was seht ihr da?" Sie beugten sich über den Rand, das Wasser unten kräuselte sich in vielen kleinen Wellen, aber ansonsten sahen sie nur Wasser. Sie antworteten: „Was sollen wir da schon sehen, Wasser eben."

Da sagte der Mönch zu ihnen: „Nehmt euch etwas Zeit und wartet etwas." Nachdem sie eine Weile schweigend gewartet hatten, forderte er sie erneut auf: „Seht noch einmal in den Brunnen, was seht ihr jetzt?" Sie beugten sich erneut über den Rand und sahen nun im still gewordenen Wasser wie im Spiegel ihr eigenes Bild. Der Mönch aber sagte zu ihnen: „Das ist der Sinn des Fastens. Man erkennt sich selbst."

In all unseren Bestrebungen,
in allem, was wir
denken und tun,
ist es wichtig,
auf die Melodie
des eigenen Herzens
zu hören,
um sie nicht zu verlieren.
GERDI STOLL

Wir sehen jetzt durch einen Spiegel ein dunkles Bild; dann aber von Angesicht zu Angesicht. Jetzt erkenne ich stückweise; dann aber werde ich erkennen, wie ich erkannt bin. Nun aber bleiben Glaube, Hoffnung, Liebe, diese drei; aber die Liebe ist die Größte unter ihnen.

1. KORINTHERBRIEF 13,12.13

Fußspuren im Sand

Ich träumte eines Nachts, ich ging am Meer entlang, mit meinem Herrn. Und es entstand vor meinen Augen, Streiflichtern gleich, mein Leben. Für jeden Augenblick, in den einzelnen Abschnitten, entdeckte ich je ein paar Schritte im Sand, die einen gehörten mir, die anderen meinem Herrn.

Als dann das letzte Bild an uns vorbeigeglitten war, sah ich zurück und stellte fest, dass viele Male nur *ein* paar Schritte in dem Sand zu sehen war. Sie zeichneten die Phasen meines Lebens, die mir am schwersten waren.

Das machte mich verwirrt, und fragend wandte ich mich an den Herrn:

„Als ich dir damals alles, was ich hatte, übergab, um dir zu folgen, da sagtest du, du würdest immer bei mir sein. Doch in den tiefsten Nöten meines Lebens sehe ich nur *ein* paar Spuren in dem Sand. Warum ließest du mich gerade dann allein, als ich dich verzweifelt brauchte?"

Der Herr aber nahm mich bei der Hand und sagte:

„Geliebtes Kind, nie ließ ich dich allein, schon gar nicht in den Zeiten, da du littest. Wo du nur *ein* paar Spuren in dem Sand erkennst, da trug ich dich auf meinen Schultern."

AUS DEN USA ÜBERLIEFERTE GESCHICHTE

Du kannst nicht tiefer fallen
als nur in Gottes Hand,
die er zum Heil uns allen
barmherzig ausgespannt.

Es münden alle Pfade
durch Schicksal, Schuld und Tod
doch ein in Gottes Gnade
trotz aller unserer Not.

Wir sind von Gott umgeben
auch hier in Raum und Zeit
und werden in ihm leben
und sein in Ewigkeit.
ARNO PÖTZSCH

Befiehl dem Herrn deine Wege
und hoffe auf ihn,
er wird's wohlmachen!
PSALM 37,5

Wann wird es Tag?

Ein alter Rabbi fragte einst seine Schüler, wie man die Stunde bestimmt, in der die Nacht endet und der Tag beginnt.

„Ist es, wenn man von weitem einen Hund von einem Schaf unterscheiden kann?", fragte einer der Schüler. „ Nein", sagte der Rabbi. „Ist es, wenn man von weitem einen Dattel- von einem Feigenbaum unterscheiden kann?", fragte ein anderer. „Nein", sagte der Rabbi. „ Aber wann ist es dann?", fragten die Schüler.

Der Rabbi antwortet: „Es wird Tag, wenn du in das Gesicht irgendeines Menschen blicken kannst und in ihm deinen Bruder oder deine Schwester erkennst. Bis dahin ist die Nacht noch bei uns."

JÜDISCHE WEISHEIT

Ein Lächeln erzeugt ein Lächeln,
genauso wie Liebe immer Liebe erzeugt.

MUTTER TERESA

Ihr seid das Licht der Welt,
so soll euer Licht leuchten vor den Leuten,
dass sie eure guten Werke sehen
und euren Vater im Himmel preisen.

MATTHÄUS 5,14.16

Die Kuh und das Schwein

Das Schwein trifft die Kuh und sagt: „Ich weiß überhaupt nicht, warum dich die Menschen so gern mögen. Alle sprechen immer nur davon, wie freundlich und treuherzig du bist. Zugegeben: Du gibst Milch, aber von mir haben die Menschen doch viel mehr: Schinken, Speck, Borsten und nicht zuletzt meine Füße. Und doch hat mich niemand gern. Für alle bin ich bloß das arme Schwein. Warum eigentlich?" Die Kuh wiegte den Kopf hin und her, dachte einen Augenblick lang nach und sagte dann: „Vielleicht ist es so: Ich gebe, während ich noch lebe!"

Wer sich um andere kümmert,
hat keine Zeit, alt zu sein.
WILHELMINE LÜBKE AN IHREM 90. GEBURTSTAG

Geben ist seliger als nehmen.
APOSTELGESCHICHTE 20,35

Das Süßeste und das Bitterste

Ein König befahl eines Tages seinem Verwalter: „Lauf, und besorge mir eine Speise, die auf Erden an Süße nicht ihresgleichen hat und auch in den Meeren nicht süßer zu finden ist!" Der Verwalter ging los, überlegte lange, welche Speise er nehmen solle und kaufte schließlich eine zarte Zunge. Zu Hause bereitete er sie als ein köstliches Mahl zu und trug sie dem König auf. Der König war zufrieden. Die Zunge schmeckte ihm vorzüglich. Darauf befahl er dem Verwalter: „Geh, und besorge mir etwas, was so bitter ist, dass es auf der ganzen Welt nichts gibt, was bitterer ist." Der Verwalter machte sich auf und kaufte wieder eine Zunge, richtete sie und brachte sie dem König. Der König war überrascht. „Als das Süßeste brachtest du mir eine wunderbare Zunge. Nun verlange ich das Bitterste, und du bringst mir wieder eine Zunge."

Der Verwalter fragte den König. „Mein Herr, gibt es etwas Süßeres auf Erden als eine Zunge? Und gibt es etwas auf der Welt, was bitterer ist, als eine Zunge?"

Ein einziges Wort kann ein Leben retten und bewahren, einer Seele wohltun und Verletzungen heilen – und ein anderes Wort kann töten und kränken, verderben und Bitternis säen. Unsere Zunge kann beides: Die Süße der Liebe und die Bitternis von Hass hervorbringen.

Ein Mensch spricht fern, geraume Zeit
mit ausgesuchter Höflichkeit,
legt endlich dann, mit vielen süßen
Empfehlungen und besten Grüßen
den Hörer wieder auf die Gabel –
doch tut er nochmals auf den Schnabel
(nach all dem freundlichen Gestammel),
um dumpf zu murmeln: Blöder Hammel!
Der drüben öffnet auch den Mund
zu der Bemerkung: Falscher Hund!
So einfach wird oft auf der Welt
die Wahrheit wieder hergestellt.

EUGEN ROTH

So ist auch die Zunge nur ein kleines Körperglied
und rühmt sich doch großer Dinge.
Und wie klein kann ein Feuer sein,
das einen großen Wald in Brand steckt.

JAKOBUSBRIEF 3,5

Das Leben ist herrlich

Einem erfahrenen Rabbi klagte einmal ein armer Mann sein Leid. „Mein Leben ist nicht mehr erträglich", sagte er. „Mit sechs Personen müssen wir in einem Raum wohnen. Ich halte die Enge und den Lärm nicht mehr aus. Was sollen wir nur machen?" Der Rabbi überlegte eine zeitlang und gab ihm folgenden Rat mit: „Nimm auch noch deinen Ziegenbock mit in euer Zimmer." Der Mann war irritiert. Er sagte: „Wieso das, dann wird alles doch noch viel schlimmer." Doch der Rabbi beharrte auf seinem Rat. „Tu, was ich dir gesagt habe und nach einer Woche komme wieder." Nach einer Woche kam der Mann zum Rabbi. Er war vollkommen entnervt und völlig am Ende. „Wir können es nicht mehr aushalten, der Ziegenbock stinkt fürchterlich. Die Tage sind eine einzige Qual, die Nächte sind schlimm und schlaflos." Der Rabbi sagte nur: „Geh nach Hause und stelle den Ziegenbock wieder in den Stall. Dann komm nach einer Woche wieder." Die Woche verging. Als der Mann zum Rabbi kam, lachte er übers ganze Gesicht. „Das Leben ist herrlich, Rabbi. Wir genießen jede Minute. Kein Ziegenbock mehr, kein Gestank. Nur wir sechs im Zimmer. Das Leben ist herrlich!"

Wie mit den Lebenszeiten,
so ist es auch mit den Tagen.
Keiner ist ganz schön,
und jeder hat,
wo nicht seine Plage,
so doch seine Unvollkommenheit.
Aber rechne sie zusammen,
so kommt eine Summe
Freude und Leben heraus.
FRIEDRICH HÖLDERLIN

Da merkte ich, dass es nichts Besseres dabei gibt, als fröhlich sein und sich gütlich tun in seinem Leben. Denn ein Mensch, der da isst und trinkt und hat guten Mut bei all seinem Mühen, das ist eine Gabe Gottes.
PREDIGER 3,12 f.

Am seidenen Faden

Ein Beamter war bei seinem König in Ungnade gefallen. Der Herrscher ließ ihn zur Strafe im obersten Stock eines hohen Turmes einkerkern. In einer mondhellen Nacht schaute der Gefangene sehnsüchtig aus seinem Gefängnis hinab in den Hof. In schwindelnder Tiefe entdeckte er seine Frau, die ihm ein Zeichen machte. Voller Erwartung blickte der Mann herunter, gespannt, was sie vorhatte. Er konnte ihre leisen Rufe nicht verstehen. Die Frau hatte einen Plan. An einem Käfer, dessen Fühler sie mit Honig bestrichen hatte, befestigte sie einen winzigen Seidenfaden. Dann setzte sie das Tier mit den Fühlern nach oben an die Turmmauer. Der Käfer krabbelte langsam, immer dem Honig folgend, höher, bis er bei dem Gefangenen ankam.

Der sah den dünnen Seidenfaden, löste ihn vorsichtig von dem Käfer und zog ihn langsam nach oben.

An dem seidenen Faden hatte die Frau einen Zwirnsfaden befestigt. An dem Zwirnsfaden eine dicke Schnur. An der Schnur knüpfte sie ein kräftiges Seil fest. Nun konnte der Mann das Seil an einer der Turmzinnen befestigen, sich durch das Fenstergitter hinauszwängen und am Seil hinablassen. Er war frei. Glücklich schloss er seine Frau in die Arme und leise verschwanden beide aus dem Land des ungerechten Königs.

NACH EINEM INDISCHEN MÄRCHEN

Entschlossenheit im Unglück ist der halbe Weg zur Rettung.
JOHANN HEINRICH PESTALOZZI

Wo du hingehst, da will ich auch hingehen;
wo du bleibst, da bleibe auch ich.
RUT 1,16

Großzügig mit sich selbst

Der Pianist Arthur Rubinstein kam einmal in einem Luxusrestaurant in New York zu spät zu einem Mittagessen mit Freunden. Diese begannen sich Sorgen zu machen. Doch dann erschien Rubinstein schließlich mit einer aufregenden Blondine, die ein Drittel so alt war wie er. Obwohl er für seine Knauserigkeit bekannt war, bestellte er die teuersten Gerichte, die seltensten und erlesensten Weine. Am Ende bezahlte er lächelnd die Rechnung.

„Ihr wundert euch sicher", sagte Rubinstein zu seinen Freunden, „aber heute war ich beim Anwalt, um mein Testament zu machen. Ein Großteil meines Besitzes geht an meine Tochter, an meine Verwandten. Ich habe Wohlfahrtsorganisationen großzügige Schenkungen gemacht. Doch dann merkte ich, dass ich selbst in meinem Testament leer ausging: Alles bekamen die Anderen! Da habe ich beschlossen, mich zu ändern und künftig großzügiger mit mir selbst zu sein."

Ein Mann, der Herrn K. lange nicht gesehen hatte,
begrüßte ihn mit den Worten:
„Sie haben sich gar nicht verändert."
„Oh!", sagte Herr K. und erbleichte.
BERTOLT BRECHT

Du sollst den Herrn, deinen Gott,
lieben mit ganzem Herzen,
mit ganzer Seele, mit all deiner Kraft
und mit all deinem Verstand
und deinen Nächsten wie dich selbst.
LUKAS 10,27

Alles muss man erfahren

Als ich so saß und die alte Frau ansah, da sah ich mich plötzlich selber so dasitzen, alt und aufgequollen und schon halb tot, und das war kein angenehmes Bild. Da bekam ich Angst, und ich ging schnell ins Freie, in den kleinen Garten hinterm Haus. Da hatte ich Dahlien und Astern gepflanzt, die blühten.

Aber dann dachte ich: Siehst du, so gehst du jeder wichtigen Erkenntnis aus dem Weg und der nackten Wahrheit. Geh du nur wieder hinein und sieh dir die alte Frau an und dich selber. Es schadet gar nichts, wenn dir schaudert, das gehört mit zum Leben. Alles muss man erfahren, und man erfährt das Wichtigste nicht, wenn man nichts Hässliches sehen will. Da ging ich also wieder hinein.

LUISE RINSER[1]

Die Blätter fallen.
Fallen wie von weit,
Als welkten in den Himmeln ferne Gärten;
Sie fallen mit verneinender Gebärde.

Und in den Nächten fällt die schwere Erde
Aus allen Sternen in die Einsamkeit.

Wir alle fallen. Diese Hand da fällt.
Und sieh die andere an: Es ist in allen.

Und doch ist Einer, welcher dieses Fallen
Unendlich sanft in seinen Händen hält.
RAINER MARIA RILKE[2]

Lehre uns bedenken,
dass wir sterben
müssen,
auf dass wir klug
werden.
PSALM 90,12

Die Pfingsttaube

In einer sizilianischen Bergstadt liebte es ein Pfarrer, die Geheimnisse Gottes möglichst sichtbar zu machen. So ließ er durch den Kirchendiener gleich nach dem Pfingstevangelium von der Empore eine Taube in die Luft werfen. Die Taube schwebte durch den Kirchenraum und alle waren gespannt, wo sie sich niederlassen würde, denn es hatte sich die Meinung herausgebildet: Wem sich die Taube auf die Schulter oder den Kopf setzt, dem ist eine besondere Erleuchtung gewiss.

So war die Taube vor einigen Jahren dem Seminarlehrer auf die Schulter geflogen, und er hatte danach ein geistvolles Buch geschrieben. Einmal hatte sie sich dem jungen, eingebildeten Grafen auf den Kopf gesetzt und der ließ daraufhin eine neue Wasserleitung bauen, die er lange Zeit verweigert hatte. Als sich die Taube auf die Schulter des undurchsichtigen Verwalters des Armenhauses setzte, fasste dieser den Entschluss, mit den unterschlagenen Geldern eine Kapelle errichten zu lassen.

Doch dann kam ein neuer Pfarrer in den Ort. Der hielt nichts von derartigem Aberglauben. Er nannte die Taube seines Vorgängers einfach den „Vogel". Weil die Leute den Brauch so sehr mochten, wollte er den Flug der weißen Taube am Pfingstfest nicht kurzerhand verbieten. Er ordnete aber an, dass alle Fenster und Türen der Kirche offen stehen sollten. Wieder kam das Pfingstfest. Es war ein herrlicher sonniger Sonntag. Nach der Lesung des Pfingstevangeliums schwebte die weiße Taube wieder durch die Kirche. Sie nützte aber keines der Schlupflöcher, sondern flog dreimal hin und her. Dann setzte sie sich dem neuen Pfarrer auf die Schulter. Ihm war das sehr peinlich. Aber das Kirchenvolk geriet vor Freude außer sich und klatschte vor Begeisterung. Alle im Ort warteten nun auf die Erleuchtung.

NACH KARL SPRINGENSCHMIDT

Wie eine sprudelnde Quelle in ein Becken gefasst oder ein tosender Wildbach in ein Bett gelenkt wird, so ist auch Gottes Heiliger Geist in der Geschichte der christlichen Kirche mannigfach gezähmt und in Gefäßen aufgefangen worden.

Die Herausforderung durch die neue Religiosität zwingt die Christenheit geradezu, sich der Frage nach der Gegenwart des Heiligen Geistes neu zu stellen. Richtiger, sich seinem Wirken zu öffnen. Wo immer Gottes Geist dazwischen fährt, geht Altes zu Ende und etwas Neues bricht an.

HEINZ ZAHRNT[3]

Als der Pfingsttag gekommen war, waren sie alle an einem Ort versammelt. Da kam plötzlich ein Brausen vom Himmel, wie von einem gewaltigen Sturm, und erfüllte das ganze Haus, in dem sie saßen, und es erschienen ihnen Zungen wie von Feuer, die sich verteilten und sich auf jeden von ihnen setzten, und sie wurden alle mit dem Heiligen Geist erfüllt.

APOSTELGESCHICHTE 2,1–4

Was Kinder uns lehren

Es war einmal ein steinalter Mann, dem waren die Augen trüb geworden, die Ohren taub, und die Knie zitterten ihm. Wenn er nun bei Tisch saß und den Löffel kaum halten konnte, schüttete er die Suppe auf das Tischtuch, und es floss ihm auch etwas wieder aus dem Mund.

Sein Sohn und dessen Frau ekelten sich davor, und deswegen musste sich der alte Großvater endlich hinter den Ofen in die Ecke setzen, und sie gaben ihm sein Essen in ein irdenes Schüsselchen und noch dazu nicht einmal satt. Da sah er betrübt nach dem Tisch und die Augen wurden ihm nass. Einmal auch konnten seine zittrigen Hände das Schüsselchen nicht festhalten, es fiel zur Erde und zerbrach. Die junge Frau schalt, er sagte aber nichts und seufzte nur.

Da kaufte sie ihm ein hölzernes Schüsselchen für ein paar Heller, daraus musste er nun essen. Wie sie so dasitzen, trägt der kleine Enkel von vier Jahren kleine Brettlein zusammen. „Was machst du da?", fragte der Vater. „Ich mache ein Tröglein", antwortete das Kind. „Daraus sollen Vater und Mutter essen, wenn ich groß bin."

Da sahen sich Mann und Frau eine Weile an, fingen endlich an zu weinen, holten sofort den alten Großvater an den Tisch und ließen ihn von nun an immer mitessen. Sagten auch nichts, wenn er ein wenig verschüttete.

BRÜDER GRIMM

Herr, ich spüre, dass ich älter werde, ich ahne, dass ich bald zu den Alten gehöre, du weißt das auch. Bewahre mich vor allem, was manche Alte so unbeliebt macht.

Behüte mich vor der Geschwätzigkeit. Lass mich nicht meinen, ich müsse mich bei jeder Gelegenheit zu allem äußern. Gib mir die Einsicht, dass ich zuweilen auch Unrecht haben kann.

Befreie mich von dem eignen Verlangen, jedermanns Angelegenheiten in Ordnung bringen zu wollen. Halte mich frei davon, den anderen alle Einzelheiten meines Alltags aufzudrängen.

Schenke mir Geduld, wenn andere mir ihre Leiden klagen, aber versiegle meine Lippen, wenn ich meine eigenen zunehmenden Schmerzen und Gebrechen ausbreiten möchte. Und wenn ich doch darüber spreche, dann lass es mich so tun, dass deine Güte dadurch nicht verdunkelt wird.

Mache mich hilfsbereit – aber nicht geschäftig; fürsorglich – aber nicht herrschsüchtig.

Am Ende aber lass mich nicht einsam sein. Ich brauche dann ein paar Freunde, lieber Herr, gute Freunde. Das weißt du auch. Aber vor allem brauche ich dich. Bitte gestalte mich um in dein Bild, lass mich reif werden und mich freuen auf die Ewigkeit.

GEBET EINER ALTEN ORDENSFRAU

Bis in euer Alter bin ich derselbe,
und ich will euch tragen, bis ihr grau werdet.
JESAJA 46,4

Arme Leute

Eines Tages nahm ein Mann seinen Sohn mit aufs Land, um ihm zu zeigen, wie arme Leute leben. Vater und Sohn verbrachten einen Tag und eine Nacht auf einer Farm einer sehr armen Familie.

Als sie wieder zurückkehrten, fragte der Vater seinen Sohn: „Wie war dieser Ausflug?" „Sehr interessant!", antwortete der Sohn. „Und hast du gesehen, wie arm Menschen sein können?" „Oh ja, Vater, das habe ich gesehen."

„Was hast du also gelernt?", fragte der Vater. Und der Sohn antwortete: „Ich habe gesehen, dass wir einen Hund haben, und die Leute auf der Farm haben vier. Wir haben einen Swimmingpool, der bis zur Mitte unseres Gartens reicht, und sie haben einen See, der gar nicht mehr aufhört. Wir haben prächtige Lampen in unserem Garten, und sie haben die Sterne. Unsere Terrasse reicht bis zum Vorgarten, und sie haben den ganzen Horizont." Der Vater war sprachlos und der Sohn fügte hinzu: „Danke, Vater, dass du mir gezeigt hast, wie arm wir sind."

Nicht wer wenig hat, sondern wer viel wünscht, ist arm.
LUCIUS ANNAEUS SENECA

Ein Weiser rühme sich nicht seiner Weisheit, ein Starker rühme sich nicht seiner Stärke, ein Reicher rühme sich nicht seines Reichtums. Sondern, wer sich rühmen will, der rühme sich dessen, dass er klug sei und mich kenne, dass ich der Herr bin, der Barmherzigkeit, Recht und Gerechtigkeit übt auf Erden; denn solches gefällt mir, spricht der Herr.
JEREMIA 9,22 f.

Die drei Bäume

Es waren einmal drei kleine Bäume, die standen auf einem Hügel mitten in einem Wald. Als sie ihre Hoffnungen und Träume, die sie für ihre Zukunft hegten, diskutierten, sagte der erste Baum: „Eines Tages werde ich eine Schatztruhe sein, voll mit Diamanten, Gold und Kleinodien. Ich werde mit aufwändigen Schnitzereien bedeckt sein und jeder wird meine Schönheit sehen."

Der zweite Baum sprach: „Eines Tages werde ich ein gewaltiges Schiff sein. Ich werde Könige und Königinnen über die Meere fahren. Ich werde zu den vier Enden der Erde segeln und jeder wird sich wegen der Stärke meines Schiffskörpers in mir sicher fühlen."

Zum Schluss sagte der dritte Baum: „Eines Tages werde ich im ganzen Wald der größte Baum sein. Hoch und gerade gewachsen. Wenn mich die Leute oben auf diesem Hügel stehen sehen, werden sie erkennen, wie nahe ich daran bin, Gott selbst zu berühren. Ich werde der größte Baum aller Zeiten sein und die Menschen werden sich immer an mich erinnern."

Nach Jahren des Gebets für die Erfüllung ihrer Träume kam eines Tages eine Gruppe von Förstern in den Wald. „Dieser sieht nach einem starken Baum aus. Ich denke, ich werde dieses Holz an einen Zimmermann verkaufen können", sagte einer. Während er den Baum fällte, war der Baum glücklich, denn er wusste, dass er jetzt endlich zu einer Schatztruhe werden würde.

Der zweite Förster sagte: „Und dieser Baum sieht auch ausgezeichnet aus. Ich denke, dass ich ihn auf der Schiffswerft verkaufen kann." Und auch der zweite Baum war glücklich, denn er war auf dem Weg, ein gewaltiges Schiff zu werden.

Als aber einer der Förster zu dem dritten Baum kam, war dieser sehr erschrocken, denn er wusste, wenn er jetzt gefällt wird, würde sein Traum, einmal der höchste Baum im Wald zu werden, nie in Erfüllung gehen. Der dritte Förster sagte: „Ich brauche etwas Brennholz. Dieser Baum ist genau das Richtige für mich."

Als der erste Baum bei dem Tischler ankam, wurde er zu einer Futterkrippe für Tiere gemacht. Diese wurde mit Heu gefüllt und in eine Scheune gestellt. Das war absolut nicht das, wofür er gebetet hatte. Der zweite Baum wurde zersägt und es wurde ein Fischerboot daraus gebaut. Sein Traum, ein gewaltiges Schiff zu werden, das Könige über die Wasser fahren würde, zerbröckelte. Aber der Förster, der den dritten Baum gefällt hatte, starb kurz danach und der Baum wurde nie als Brennholz verwendet. Er wurde in große Holzstämme zersägt und diese lagen den ganzen Winter auf dem kalten Boden.

Als die Jahre vergingen, hatten die Bäume ihre Hoffnungen und Träume aufgegeben und vergessen. Aber dann kam eines Tages ein junger Mann und eine junge Frau in die Scheune. Sie gebar ein Kind und legte es in die Futterkrippe, die aus dem ersten Baum gefertigt war. Der Mann hatte sich gewünscht, eine Wiege für sein Kind zimmern zu können. Aber nun musste diese Futterkrippe genügen und diesen Dienst erfüllen. Obwohl es diesem Baum nicht bewusst war, war in ihn der größte Schatz aller Zeiten gelegt.

Jahre später ging eine Gruppe von Männern in das Boot, das aus dem zweiten Baum gefertigt war. In der Nacht erhob sich ein starker Sturm. Der Mann, der inmitten dieses Sturmes schlief, stand auf, hob die Arme und sagte: „Friede", und der Sturm legte sich sofort. Obwohl der Baum keine Ahnung davon hatte, war doch der größte König aller Zeiten in seinem Boot.

Und eine kurze Zeit danach wurde der dritte Baum durch die Straßen von Jerusalem geschleift, und die Menschen verspotteten den Menschen, der dieses Holz trug. Als der Baum auf der Höhe des Hügels ankam, wurde das Holz hoch aufgerichtet, und das Holz stand auf dem höchsten Punkt des Hügels. Für alle sichtbar. Und der Baum kam so nahe daran, Gott zu berühren, wie es vorher noch nie jemals möglich gewesen war.

MÜNDLICH ÜBERLIEFERT

Befiehl du deine Wege
und was dein Herze kränkt,
der allertreusten Pflege,
des der den Himmel lenkt!
Der Wolken, Luft und Winden
gibt Wege, Lauf und Bahn,
der wird auch Wege finden,
da dein Fuß gehen kann.
  PAUL GERHARDT

Der Herr ist mein Licht und mein Heil;
vor wem sollte ich mich fürchten?
Der Herr ist meines Lebens Kraft;
vor wem sollte mir grauen?
  PSALM 27,1

Nicht vergeblich

Am Rande der Wüste lebte ein Eremit. Eines Tages besuchte ihn ein junger Mann und klagte ihm sein Leid.

„Ich lese so viele heilige Texte", sagte er. „Ich studiere in den Büchern und vertiefe mich in die Schönheit all der Worte. Ich möchte sie behalten und als einen Widerschein der ewigen Wahrheit in mir bewahren. Aber es gelingt mir nicht. Alles vergesse ich! Ist die mühevolle Arbeit des Lesens und Studierens umsonst?"

Der Eremit hörte ihm gut zu. Als er fertig war mit dem Sprechen, gab er ihm einen Binsenkorb. „Hol mir aus dem Brunnen dort drüben Wasser", sagte er zu dem Jüngling. „Hat er meine Frage nicht verstanden?", fragte sich dieser.

Widerwillig nahm er den von Staub verschmutzen Korb auf und schöpfte Wasser. Es war aber längst herausgelaufen, als er zurückkehrte. Da sagte der Eremit zu ihm: „Gehe noch einmal los." Wenig überzeugt, gehorchte ihm der junge Mann. Immer wieder füllte er Wasser in den Korb. Doch immer wieder rann es ihm heraus. Nach dem zehnten Mal konnte er aufhören.

„Nun sieh dir einmal den Korb an", sagte der Eremit. „Er ist jetzt ganz blank geworden. So geht es dir mit den Worten, die du liest und denkst. Du kannst sie nicht festhalten, sie gehen durch dich hindurch und du hältst die Mühe für vergeblich. Aber ohne dass du es merkst, klären sich deine Gedanken und machen dein Herz rein."

VERFASSER UNBEKANNT

An der Haltestelle Kurfürstendamm steht ein junger Mann.
Unterm Arm einen schwarzen Kasten mit der Flöte.
Als der Bus hält, fragt er den Fahrer:
„Wie komme ich zur Philharmonie?" und erhält die Antwort:
„Üben, Männeken, üben!"
    BERLINER WITZ

Wisst ihr nicht, dass die Läufer in der Kampfbahn
zwar alle laufen, aber nur einer den Siegespreis empfängt?
Lauft so, dass ihr ihn gewinnt!
Jeder aber, der kämpft, legt sich jeden Verzicht auf,
jene nun, damit sie einen vergänglichen Kranz empfangen,
wir aber einen unvergänglichen.
    1. KORINTHERBRIEF 9,24—25

Geben

und

Empfangen

Die Rose

Rainer Maria Rilke ging in der Zeit seines Pariser Aufenthaltes regelmäßig über einen Platz, auf dem eine Bettlerin saß, die um Geld anhielt. Ohne je aufzublicken, ohne ein Zeichen des Bittens oder Dankens zu äußern, saß die Frau immer am gleichen Ort. Rilke gab nie etwas. Seine französische Begleiterin warf ihr häufig ein Geldstück hin. Eines Tages fragte die Französin verwundert, warum er nichts gebe. Rilke antwortete: „Wir müssten ihrem Herzen schenken, nicht ihrer Hand."

Wenige Tage später brachte Rilke eine eben aufgeblühte weiße Rose mit, legte sie in die offene abgezehrte Hand der Bettlerin und wollte weitergehen. In diesem Moment geschah das Unerwartete: Die Bettlerin blickte auf, sah den Geber, erhob sich mühsam von der Erde, tastete nach der Hand des fremden Mannes, küsste sie und ging mit der Rose davon.

Eine Woche lang war die alte Frau verschwunden. Der Platz, an dem sie vorher gebettelt hatte, blieb leer. Doch nach acht Tagen saß sie plötzlich wieder wie früher an der gewohnten Stelle.

Sie war stumm wie damals. Wiederum zeigte sie nur ihre Bedürftigkeit durch die ausgestreckte Hand. „Aber wovon hat sie denn in all den Tagen gelebt?", fragte die Französin. Rilke antwortete: „Von der Rose …"

Wenn durch einen Menschen ein wenig mehr Liebe und Güte,
ein wenig mehr Licht und Wahrheit in der Welt war,
hat sein Leben einen Sinn gehabt.
ALFRED DELP

> Gott ist die Liebe; und wer in der Liebe bleibt,
> der bleibt in Gott und Gott in ihm.
> 1. JOHANNESBRIEF 4,16

Die alte Frau und der Lagerkommandant

Nach Ende des Zweiten Weltkrieges nahm sich eine alte lettische Frau deutscher Soldaten an, die in sowjetische Kriegsgefangenschaft geraten waren. So oft es ging, ließ sie ihnen ein Stück Brot zukommen.

Dabei wurde sie eines Tages erwischt. Der sowjetische Lagerchef zitierte sie zu sich. Er fuhr sie schroff an: „Hast du nicht gelesen, dass es strengstens verboten ist, den Kriegsgefangenen Lebensmittel zu geben?"

Die alte Frau nickte gelassen, ehe sie antwortete. „Ja, Herr Lagerkommandant, ich habe aber nicht irgendwelche Lebensmittel gegeben. Ich habe Brot gereicht!"

„Das ist ja nun einerlei", fauchte der Mächtige zurück. „Sag, hast du gewusst, dass es verboten ist, ja oder nein?"

Die alte Frau überlegte einen Moment, ehe sie antwortete. Sah aber dabei dem Lagerkommandanten direkt in die Augen: „Ich habe gelesen, dass angeschrieben steht, es ist verboten. Aber man darf nicht verbieten, unglücklichen Menschen zu helfen!"

Der Kommandant, jetzt gefährlich leise, fragte zurück: „Heißt das, dass du ihnen auch weiterhin Brot geben wirst?"

Die alte Frau sieht ihm erneut in die Augen: „Genosse Direktor, hören Sie mir bitte einmal gut zu! Als die Deutschen hier in Lettland die Herren waren, brachten sie russische Kriegsgefangene hierher zur Arbeit. Die hatten großen Hunger, und ich habe ihnen, so oft ich konnte, Brot gegeben. Dann brachten sie Juden hierher. Die litten auch, weil sie so wenig zu essen bekamen und ich habe ihnen Brot gegeben. Jetzt sind die Deutschen die Unglücklichen und leiden Hunger, und ich gebe ihnen von dem Brot, das ich habe.

Und wenn Sie, Genosse Direktor, eines Tages das Unglück haben sollten, hierher als Gefangener zu kommen und Hunger zu leiden, dann werde ich auch Ihnen Brot geben."

Die alte Frau ließ den Lagerchef stehen, drehte sich um und ging. Der Kommandant unternahm nichts gegen sie ...

ERZÄHLT VOM BUNDESPRÄSIDENTEN A.D.
GUSTAV HEINEMANN IN SEINER WEIHNACHTSANSPRACHE 1971.

Je mehr Bürger mit Zivilcourage ein Land hat,
desto weniger Helden wird es einmal brauchen.
ANNA MAGNANI

Man muss Gott mehr gehorchen als den Menschen.
APOSTELGESCHICHTE 5,29

Typisch evangelisch

Bischof Franz Hengsbach, zu Lebzeiten sehr beliebter katholischer Ruhrbischof, wollte eines Tages ein Bergwerk besuchen. Fuhr hinunter auf etwa 1.200 Meter Tiefe und stieg unten an dem kleinen Bahnhof, wo sich die Männer zur Arbeit sammeln, aus. Dort stieß er auf einige Kumpel, es kam es zu einer munteren Unterhaltung. Bischof Hengsbach fragte: „Meine Herren, was machen Sie denn so am Sonntag?"

„Ach, Herr Bischof", sagte einer der Kumpel, „da müssen wir morgens erst einmal richtig ausschlafen." „Und was machen Sie dann?" „Ja dann frühstücken wir so richtig schön in aller Ruhe mit Rührei und Schinken." „Und dann, was machen Sie dann, meine Herren?" „Dann gehen wir zum Frühschoppen in unsere Kneipe an der Ecke." Langsam wurde Bischof Hengsbach doch etwas nervös: „Ja, und dann, was machen Sie dann?" „Ja, dann gucken wir nach die Tauben und dann spachteln wir bei Muttern ordentlich." „Und danach?" „Dann legen wir uns aufs Kanapee und dann geht's auf Schalke." Jetzt konnte sich der Bischof nicht mehr zurückhalten: „Aber meine Lieben, gehen Sie gar nie in die Kirche?" Erstaunt über diese Frage erwiderten die Männer: „Aber Herr Bischof, wir sind doch evangelisch!" Hengsbach entnervt: „Was würde dazu wohl Ihr Dr. Martin Luther sagen?" Darauf die Kumpel im Chor: „Bleiben Sie uns bloß weg mit die Knappschaftsärzte, Herr Bischof!"

Das Leben meistert man lächelnd – oder überhaupt nicht.
AUS CHINA

Ein fröhliches Herz ist des Menschen Leben,
und seine Freude verlängert sein Leben.
JESUS SIRACH 30,23

Goldene Hochzeit

Ein älteres Ehepaar feierte nach langen Ehejahren das Fest der Goldenen Hochzeit. Beim gemeinsamen Frühstück dachte die Frau: „Seit fünfzig Jahren habe ich immer auf meinen Mann Rücksicht genommen und ihm immer das knusprige Oberteil des Brötchens gegeben. Heute will ich mir endlich diese Delikatesse selber gönnen." Sie schmierte sich das Oberteil des Brötchens und gab das andere Teil ihrem Mann.

Entgegen ihrer Erwartung war dieser hocherfreut. Er lachte, streichelte sie zärtlich und sagte: „Meine Liebe, du bereitest mir die größte Freude des Tages. Über fünfzig Jahre habe ich das Brötchenunterteil nicht mehr gegessen, obwohl ich es vom Brötchen am allerliebsten mag. Ich dachte mir immer, du solltest es haben, weil es dir so gut schmeckt."

Der Geist, der allen Dingen Leben verleiht, ist die Liebe.
AUS CHINA

Alle eure Dinge lasst in der Liebe geschehen.
1. KORINTHERBRIEF 16,14

Gott die Tür aufmachen

Eine alte Dame hatte eines Nachts einen merkwürdigen Traum. Sie vernahm in ihrem Traum die Stimme Gottes, der ihr versprach, sie am nächsten Tag zu besuchen. Als sie am nächsten Morgen aufwachte, dachte sie, wenn das wirklich wahr ist, muss ich mich schleunigst vorbereiten. Der liebe Gott soll doch alles wohlgeordnet vorfinden. Also wischte sie, putzte Staub, sie backte einen köstlichen Erdbeerkuchen und kochte Kaffee. Dann fing sie an, auf den lieben Gott zu warten.

Auf einmal schellte es an der Haustür. Die alte Dame öffnete vorsichtig die Tür. Da sah sie, dass draußen ein Hausierer stand. Sie sagte ihm: „Ich habe im Moment keine Zeit. Ich warte gerade auf hohen Besuch. Jetzt geht es nicht." Mit diesen Worten ließ sie den Hausierer stehen und machte die Tür schnell zu.

Nach einer Zeit kam eine Frau aus der Nachbarschaft, die sich schon seit Jahren für ein Kinderhilfswerk einsetzte. „Oh, das passt mir aber heute gar nicht", sagte die alte Dame. „Können Sie nicht ein anderes Mal wiederkommen? Ich erwarte hohen Besuch", und sie machte die Tür zu.

Sie setzte gerade neuen Kaffee auf, als es wieder an der Haustür schellte. Es war die allein erziehende Mutter aus dem 3. Stock mit ihrem kleinen Sohn. „Könnten Sie mir wohl einen Gefallen tun und eine Zeit lang auf das Kind aufpassen? Ich muss mich bei einer Firma vorstellen, da kann ich den Jungen nicht mitnehmen." „Das verstehe ich gut", sagte die alte Dame, „aber leider ist es mir ausgerechnet heute nicht möglich, weil ich hohen Besuch erwarte. Fragen Sie doch einmal bei den Müllers", und sie setzte sich ins Wohnzimmer und fing aufs Neue an zu warten.

Die Zeit ging hin, Stunde um Stunde. Es war schon später Nachmittag und immer noch nicht war der liebe Gott zu sehen. Wo mochte er nur geblieben sein? Traurig legte sie sich am

Abend zu Bett. Bald schlief sie ein. Da hörte sie im Traum wieder Gottes Stimme. Er sprach zu ihr: „Dreimal habe ich dich heute besuchen wollen und dreimal hast du mich nicht empfangen."

Wo wohnt Gott? Mit dieser Frage überraschte ein Rabbi seine Gäste beim Abendessen. Diese waren gelehrte Männer und lachten über ihn: „Was redest du da? Die ganze Welt ist doch voll von Gottes Herrlichkeit." Er aber antwortete auf die Frage: „Gott wohnt, wo man ihn einlässt."

AUS DEM CHASSIDISMUS

Siehe, ich stehe vor der Tür und klopfe an. Wenn jemand meine Stimme hört und die Tür auftut, werde ich zu ihm hineingehen und das Mahl mit ihm halten und er mit mir.

OFFENBARUNG 3,20

Auch Andere sind hungrig

Mutter Teresa erzählte: „Vor mehreren Wochen hörte ich von einer Familie, die schon seit einigen Tagen nichts mehr zu essen hatte; es war eine Hindu-Familie. So nahm ich etwas Reis und suchte sie auf. Ehe ich mich versah, hatte die Mutter dieser Familie den Reis in zwei Hälften geteilt und die eine Hälfte der Nachbarfamilie an die nächste Tür gebracht, wo Muslime wohnten.

Daraufhin fragte ich sie: „Wieviel wird denn noch für euch alle bleiben? Ihr seid zu zehnt für dieses bißchen Reis." Die Mutter antwortete: „Sie haben auch nichts zu essen. Das ist Großmut"[4]

Die Sorge um mein tägliches Brot ist eine materielle Frage.
Die Sorge um das Brot meines Bruders ist eine geistliche Frage.
NIKOLAUS BERDJAJEW

Alle Christen waren ein Herz und eine Seele.
Niemand betrachtete sein Eigentum als privaten Besitz,
sondern alles gehörte ihnen gemeinsam.
Mit großer Überzeugungskraft berichteten die Apostel
von der Auferstehung Jesu, und alle erlebten Gottes Güte.
Niemandem in der Gemeinde fehlte etwas;
denn wer Häuser oder Äcker besaß, verkaufte seinen Besitz.
Das Geld wurde von den Aposteln
an die Bedürftigen weitergegeben.
APOSTELGESCHICHTE 4,32–35

Verweht

In einem Dorf lebte eine Frau, deren böse Zunge durch üble Nachrede und falsche Gerüchte immer wieder Streit und Unfrieden über ihre Mitmenschen brachte.

Als eine Nachbarin sie zur Rede stellte, die sie mit einer besonders gemeinen Lüge verletzt hatte, sagte die Verleumderin: „Es tut mir leid, ich werde im Dorf überall sagen, dass es nicht stimmt, dann ist doch alles wieder gut."

„Nicht alles", widersprach die Gekränkte. „Etwas wird sicherlich hängen bleiben. Es ist wie mit den Federn." – „Mit was für Federn?" – „Geh nach Hause, hol ein Kopfkissen, komm zu mir zurück und verstreue dann unterwegs alle Federn", sagte die Nachbarin.

Weil die Frau ein schlechtes Gewissen hatte, kam sie diesem Befehl nach, obwohl er ihr unverständlich war. Nach kurzer Zeit war sie zurück. „Und was soll ich nun tun?", fragt sie. „Jetzt sammelst du alle Federn wieder ein."

„Das ist aber unmöglich, ich habe sie ganz wahllos ausgestreut. Der Wind hat sie sicher längst verweht."

Die Nachbarin sagte: „So ist es auch mit übler Nachrede und bösen Gerüchten. Nie können alle Federn wieder eingesammelt werden. Nie werden alle Worte vergessen. Etwas bleibt immer hängen."

Wer dem Verleumder nicht in die Rede fällt, bestellt ihn.
SPRICHWORT

> Wo viele Worte sind, da geht's ohne Sünde nicht ab;
> wer aber seine Lippen im Zaum hält, ist klug.
> SPRÜCHE 10,19

Wo Gott wohnt

Zwei Brüder wohnten einst auf dem Berg Morija. Der Jüngere war verheiratet und hatte Kinder, der Ältere war unverheiratet und allein. Die beiden Brüder arbeiteten zusammen. Sie pflügten ihre Felder zusammen und streuten gemeinsam das Saatgut auf das Land. Zur Zeit der Ernte brachten sie das Getreide ein und teilten die Garben in zwei gleich große Stöße – für jeden einen Stoß Garben.

Als es Nacht geworden war, legte sich jeder der beiden Brüder bei seinen Garben zum Schlaf nieder. Der Ältere aber konnte keine Ruhe finden und dachte bei sich: „Mein Bruder hat Familie, ich dagegen bin allein und ohne Kinder und doch habe ich gleich viele Garben genommen wie er. Das ist nicht recht!"

Er stand auf und nahm von seinen Garben und schichtete sie heimlich und leise zu den Garben seines Bruders. Da legte er sich wieder hin und schlief ein.

In der gleichen Nacht – geraume Zeit später – erwachte der Jüngere. Auch er musste an seinen Bruder denken und sprach in seinem Herzen. „Mein Bruder ist allein und hat keine Kinder. Wer wird in seinen alten Tagen für ihn sorgen?"

Und er stand auf, nahm von seinen Garben und trug sie heimlich und leise hinüber zu dem Stoß des Älteren.

Als es Tag wurde, erhoben sich die beiden Brüder und jeder war erstaunt, dass die Garbenstöße die gleichen waren wie am Abend zuvor. Aber keiner sagte zum anderen ein Wort. In der zweiten Nacht wartete jeder ein Weilchen, bis er den anderen schlafen wähnte. Dann erhoben sich beide und jeder nahm von seinen Garben, um sie zum Stoß des anderen zu tragen. Auf halbem Weg trafen sie aufeinander und jeder erkannte, wie gut es der andere mit ihm meinte. Da ließen sie ihre Garben fallen und umarmten einander in herzlicher und brüderlicher Liebe.

Gott im Himmel aber schaute auf sie herab und sprach: „Heilig ist mir dieser Ort, hier will ich unter den Menschen wohnen!"
NACH NICOLAI ERDELYI

Nur jeden Tag eine halbe Stunde
gesät für andere,
und du wandelst im Alter
durch ein Ährenfeld
der Freundschaft
und der Freude.
EMIL FROMMEL

Das ist mein Gebot,
dass ihr euch untereinander liebt,
gleich wie ich euch geliebt habe.
JOHANNES 15,12

Der arme Schuster

Es war ein armer Schuster, der war so glücklich, dass er von morgens bis abends sang. Viele Kinder standen vor seinem Fenster und hörten ihm zu. Neben dem Schuster lebte ein sehr reicher Mann, der zählte die ganze Nacht seine Goldstücke. Tagsüber konnte er nicht schlafen, weil er den Schuster singen hörte. Eines Tages lud er den Schuster ein und schenkte ihm einen Beutel voll Goldstücke. Nie in seinem Leben hatte der Schuster so viel Geld gesehen. Es war so viel, dass er Angst hatte, es aus den Augen zu lassen. Darum nahm er es mit ins Bett. Auch dort musste er immer an das Geld denken und konnte nicht einschlafen. So trug er den Beutel auf den Dachboden.

Früh am Morgen holte er ihn wieder herunter. Denn er hatte beschlossen, ihn im Kamin zu verstecken. „Ich bringe das Geld ins Hühnerhaus", dachte er etwas später. Aber damit war er auch noch nicht zufrieden.

Nach einer Weile grub er ein tiefes Loch im Garten und legte den Beutel hinein. Zum Arbeiten kam er gar nicht mehr und singen konnte er auch nicht mehr. Und, was am schlimmsten war, die Kinder kamen ihn nicht mehr besuchen.

Zuletzt war er so unglücklich, dass er den Beutel wieder ausgrub und damit zu seinem Nachbar lief. „Bitte, nimm dein Geld zurück", sagte er. „Die Sorge darum macht mich ganz krank." So wurde der Schuster bald wieder genauso vergnügt wie zuvor und sang und arbeitete den ganzen Tag.

JEAN DE LA FONTAINE

Reich wird man erst durch Dinge, die man nicht begehrt.
MAHATMA GHANDI

Jesus sagte zu seinen Jüngern:
Wie schwer ist's, ins Reich Gottes zu kommen!
Es ist leichter, dass ein Kamel durch ein Nadelöhr geht
als dass ein Reicher ins Reich Gottes kommt.
Sie waren aber erschrocken und sagten zueinander:
Wer kann dann gerettet werden?
Jesus aber sah sie an und sagte:
Bei den Menschen ist's unmöglich, aber nicht bei Gott;
denn alles ist möglich bei Gott.
MARKUS 10,24–27

Ein bisschen Silber

Ein Jude kommt zum Rabbi: „Es ist entsetzlich, gehst du zu einem Armen: Er ist freundlich und hilft dir, wenn er kann. Gehst du zu einem Reichen, sieht er dich nicht einmal. Was ist das nur mit dem Geld?"

Da antwortet der Rabbi: „Tritt ans Fenster, was siehst du?" „Ich sehe eine Frau mit einem Kind. Ich sehe einen Wagen…" „Gut", sagt der Rabbi. „Und jetzt stell dich hier vor den Spiegel. Was siehst du nun?" „Was werde ich sehen? Nebbich – mich selber."

„Ja, so ist das. Das Fenster ist aus Glas gemacht und der Spiegel ist auch aus Glas gemacht. Kaum legst du ein bisschen Silber hinter die Oberfläche, schon siehst du nur noch dich selber."

JÜDISCHE ANEKDOTE

Ein reicher Mann ist oft nur ein armer Mann mit sehr viel Geld.
ARISTOTELES ONASSIS

> Fällt euch Reichtum zu,
> so hängt euer Herz nicht daran.
> PSALM 62,11b

Der Rabbi

Zu den ganz besonderen Eigenschaften eines Rabbi gehörte, wie man ihm nachsagte, dass er jeden Morgen vor dem Gebet zum Himmel aufsteige. Ein Spötter wollte das nicht glauben. Er legte sich auf die Lauer, um den Rabbi am Morgen zu beobachten. Noch vor Sonnenaufgang ging der Rabbi aus seinem Haus. Er hatte die Kleidung eines Holzknechts angezogen und eilte in den Wald. Dort zersägte er Bruchholz und hackte es in Stücke. Er lud sich die Holzscheite auf den Rücken und schleppte sie zu einem alten Haus am Ortsrand. Dort wohnte eine kranke Frau, die nicht mehr aus dem Haus gehen konnte. Durch das Fenster sah der Spötter, wie der Rabbi auf dem Boden kniete und Feuer machte. Er war sprachlos. Als die Leute ihn später fragten, ob das denn wahr sei, dass der Rabbi jeden Morgen vor dem Gebet zum Himmel aufsteige, sagte er: „Zum Himmel, er steigt höher als bis zum Himmel!"

Ein bisschen Güte von Mensch zu Mensch ist besser als alle Liebe zur Menschheit.
    RICHARD DEHMEL

  So spricht der Herr:
  Ich habe Lust an der Liebe und nicht am Opfer!
    HOSEA 6,6

Reich wie Rockefeller

Mit 33 Jahren hatte John Rockefeller bereits die erste Million Dollar verdient. Gnadenlos trieb sich der Geschäftsmann zu Höchstleistungen an. Mit 43 Jahren beherrschte er bereits das größte Unternehmen der Erde. Mit 53 Jahren war er der reichste Mann der Welt, der erste Dollarmilliardär.

Aber seinen Erfolg bezahlte Rockefeller mit einem Verlust an Gesundheit und Lebensfreude. Er wurde schwer krank. Zwar verdiente er immer noch eine Million Dollar pro Woche, aber er war einsam und verhasst, ruhelos und leichenblass. Der reiche Rockefeller konnte nur noch Zwieback und Milch schlürfen. Sein abgemagerter Körper und seine ruhelose Seele wurden ein Bild des Jammers. Niemand gab Rockefeller eine Chance, noch einmal gesund zu werden.

In langen schlaflosen Nächten kam Rockefeller dann aber zur Besinnung. Er sah ein, wie unsinnig es war, nur Geld anzuhäufen, selbst aber körperlich und seelisch zugrunde zu gehen. Er entschloss sich, fortan sein Vermögen einzusetzen, um anderen Menschen zu helfen. So gründete er die berühmten Rockefeller Stiftungen. Sein Geld ging in alle Teile der Erde und erreichte Universitäten, Krankenhäuser und Missionsgesellschaften. Sein Geld wurde für viele Menschen zum Segen. Die Millionen, die er angehäuft hatte, halfen mit, das Penizillin zu entdecken und Malaria, Tuberkulose, Diphtherie und andere Krankheiten zu besiegen. Armut, Hunger und Unwissenheit wurden mit seinem Geld bekämpft. Mehrere Bücher müssten geschrieben werden, um die Segnungen der Rockefeller-Millionen zu schildern.

Und dann geschah das Wunder. Rockefeller konnte wieder schlafen. Bitterkeit, Egoismus, Groll und Hass wichen aus seinem Herzen und machten der Liebe und Dankbarkeit Platz. Er wurde gesund und konnte wieder Freude am Leben erfahren.

Der kalte, harte Rockefeller wurde ein warmherziger Mann und blühte auf zu einem erfüllten Leben. Rockefeller wurde 98 Jahre alt.

Eines Tages kam der abbasidische Kalif Mansur zum Scheich Ausadschi und bat ihn: „Gib mir einige Ratschläge, wie ich meine Untertanen regieren soll, auf dass sie bessere Menschen werden."

Der Scheich antwortete ihm: „Es gibt kaum einen unter deinen Untertanen, der nicht unter deiner Grausamkeit leiden muss. Es genügt, wenn Du selbst Dich besserst, damit Deine Untertanen in Frieden leben können. Mehr kann ich Dir nicht sagen."

AUS DER TÜRKEI

Den Reichen in dieser Welt gebiete, nicht hochmütig zu sein und ihre Hoffnung nicht auf den unsicheren Reichtum zu setzen, sondern auf Gott, der uns alles reichlich darbietet, damit wir es genießen. Sie sollen aber Gutes tun, reich werden an guten Werken, gerne geben, behilflich sein und sich dadurch einen Schatz sammeln als guten Grund für die Zukunft, damit sie das wahre Leben ergreifen.

1. TIMOTHEUSBRIEF 6,17—19

Oleg Popov

Der Zirkus ist voller Menschen. Gespannt warten alle auf den Beginn des Programms. Die Manege ist noch dunkel. Ein Scheinwerfer leuchtet auf und wirft einen kleinen Lichtkreis in das Rund der Manege. Oleg Popov, der berühmte Clown, kommt aus dem Dunkel. Er watschelt in viel zu großen Schuhen, trägt einen viel zu weiten Mantel und hält einen kleinen Koffer in der Hand. Der Clown geht auf den Lichtkreis zu, lässt sich in ihm nieder und räkelt sich wohlig im Licht.

Das Licht aber wandert weiter und der Clown sitzt im Dunkeln. Er nimmt sein Köfferchen und läuft dem Licht nach. Wieder streckt er sich darin aus, als sei es die wärmende Sonne. Und wieder eilt das Licht an eine andere Stelle der Manege. Der Clown hinterher. Nun legt er sich mit seinem ganzen Körper auf das Licht und versucht es festzuhalten. Aber wieder geht das Licht weiter. Oleg Popov ist erneut im Dunkeln.

Schließlich läuft er dem Lichtfleck noch einmal nach und beginnt das Licht in seinen kleinen Koffer einzufangen. Offenbar gelingt es ihm. Denn nun ist die Manege ganz dunkel. Da öffnet er seinen Koffer und schüttet das Licht mit weiten Bewegungen in das große Zirkuszelt. Es wird taghell unter dem Zeltdach. Die Zuschauer, die den Clown gespannt beobachten, atmen hörbar auf und klatschen begeistert Beifall. Eine seltsame Mischung von Heiterkeit und Nachdenklichkeit hat sie erfasst und nun beginnt das große Programm des Abends.[5]

Ein gutes liebes Wort ist immer ein Lichtstrahl, der von Seele zu Seele geht.
HANS THOMA

Jesus Christus spricht: Ich bin das Licht der Welt. Wer mir nachfolgt, der wird nicht in der Finsternis umhergehen, sondern wird das Licht des Lebens haben.
JOHANNES 8,12

Wer anderen hilft, hilft sich selbst

Ein Missionar aus Tibet erzählt einmal, dass er zusammen mit einem anderen Tibeter auf einer Wanderung am Himalaja in einen gefährlichen Schneesturm geriet. Mit viel Mühe kämpften sich die beiden Männer durch die immer höher werdende weiße Masse. Plötzlich sahen sie im Schnee einen leblos wirkenden Körper. Ein Mann schien den Abhang hinuntergestürzt zu sein. Der Missionar wollte dem Verunglückten helfen. Sein Begleiter aber lehnte dies entschieden ab. „Wir sind selbst in Lebensgefahr, da können wir uns nicht noch mit einem Verunglückten befassen", sagte er. „Am Ende werden wir alle drei umkommen." Er stapfte los und ließ den Missionar mit dem Verunglückten zurück.

Der Missionar hob den Bewusstlosen auf und trug ihn mühsam auf seinem Rücken durch den hohen Schnee. Durch die Anstrengung wurde ihm aber warm und die Wärme seines Körpers übertrug sich auf den anderen. Der kam allmählich wieder zu sich und nun kämpften sich die beiden in einer langen und beschwerlichen Wanderung zurück zu den Dörfern im Tal. Plötzlich hielten sie inne. An einer Weggabelung sahen sie den früheren Begleiter im Schnee liegen. Er war anscheinend so erschöpft gewesen, dass er sich in den Schnee gelegt hatte und erfroren war. Der Missionar sagte später: „Ich wollte einen anderen Menschen retten und habe dabei auch mich selbst gerettet."

Der barmherzige Samariter
unterschreibt keine Resolution,
die weitergeleitet werden muss.
Er packt selbst an.
  JULIUS DÖPFNER

Wer sein Leben erhalten will,
der wird's verlieren;
wer aber sein Leben verliert
um meinetwillen,
der wird es finden.
  MATTHÄUS 16,25

Sterntaler

Es war einmal ein kleines Mädchen, dem waren Vater und Mutter gestorben, und es war so arm, dass es kein Zimmer mehr hatte, darin zu wohnen, und kein Bett mehr, darin zu schlafen, und endlich gar nichts mehr als die Kleider auf dem Leib und ein Stück Brot in der Hand, das ihm ein mitleidiger Mensch geschenkt hatte. Es war aber gut und fromm. Und weil es von aller Welt verlassen war, ging es im Vertrauen auf Gott hinaus.

Da begegnete ihm ein armer Mann, der sprach: „Ach, gib mir etwas zu essen, ich bin so hungrig." Das Mädchen reichte ihm das ganze Stück Brot und sagte: „Gott segne dir's", und ging weiter.

Da kam ein Kind, das jammerte und sprach. „Es friert mich so an meinem Kopfe, schenk mir etwas, womit ich ihn bedecken kann." Da nahm das Mädchen seine Mütze ab und gab sie ihm.

Und als das Mädchen noch eine Weile gegangen war, kam wieder ein Kind und hatte keine Jacke an und fror: Da gab es ihm seine; und noch weiter, da bat ein Kind um einen Rock, den gab es auch von sich hin.

Endlich gelangte das Mädchen in einen Wald, und es war schon dunkel geworden. Da kam noch ein Kind und bat um ein Hemd, und das Mädchen dachte: Es ist dunkle Nacht, da sieht dich niemand, du kannst wohl dein Hemd weggeben, und zog das Hemd aus und gab es auch noch hin.

Und wie das Mädchen so stand und gar nichts mehr hatte, fielen auf einmal die Sterne vom Himmel und waren lauter silberne Taler, und ob das Mädchen gleich sein Hemd weggegeben hatte, so hatte es ein neues an und das war vom allerfeinsten Linnen. Da sammelte es die Taler hinein und war reich für sein Lebtag.

BRÜDER GRIMM

Mitten durchs Herz geht mein alter Vater.
Er spart nicht, sammelte keine Krumen,
kaufte kein Häuschen, auch keine goldene Uhr.
Es kam nichts zusammen.
Er lebte wie ein Vogel, singend von Tag zu Tag.
Aber sagt, ob ein kleiner Beamter lange so leben kann?
Mitten durchs Herz geht mein Vater,
im alten Hut, pfeift ein lustiges Lied
und glaubt daran, er gehe in den Himmel.
  TADEUSZ RÒZEWICZ

Wenn du aber jemandem hilfst,
dann soll deine linke Hand nicht wissen,
was deine rechte tut;
niemand soll davon erfahren.
Dein Vater, der ins Verborgene sieht, wird dir's vergelten.
  MATTHÄUS 6,3 f.

Die letzte Perle

Eine Legende erzählt davon, dass es noch einen vierten heiligen König gegeben hat. Auch er sah den leuchtenden Stern am Himmel und machte sich auf die Reise. Doch er kam viel zu spät nach Bethlehem. Josef und Maria waren schon auf der Flucht nach Ägypten. Er wollte ihnen nachreisen. Doch auf seinem Weg wurde er immer wieder von Armen und Bedürftigen aufgehalten, die ihn um Hilfe baten.

Nachdem er auf den Spuren von Jesus dreißig Jahre lang durch Ägypten, Galiläa und das judäische Bergland gefolgt war, erreichte der König schließlich Jerusalem. Aber er kam wieder zu spät. Das Jesuskind war inzwischen erwachsen geworden. Man hatte ihm ein Kreuz aufgelegt, das er zu einem Hügel tragen sollte. Ursprünglich hatte der König wertvolle Perlen im Gepäck gehabt, um sie dem Jesuskind zu schenken. Unterwegs hatte er sie jedoch verkauft, um denen zu helfen, die in Not waren. Eine einzige Perle war ihm noch geblieben. Doch der durch den Stern angekündigte Messias war bereits am Kreuz gestorben. Ich bin gescheitert, dachte der König. Aber da hörte er eine Stimme: „Ganz im Gegenteil, dein ganzes Leben lang bist du bei mir gewesen. Als ich nackt war, hast du mich bekleidet, als ich hungrig war, hast du mich gespeist. Als ich gefangen war, hast du mich besucht. Ich war in allen Armen und Bedürftigen, die dir auf deinem Weg begegnet sind, und ich danke dir für so viele Geschenke der Liebe."

Man muss etwas, und sei es noch so wenig, für diejenigen tun, die Hilfe brauchen, etwas, was keinen Lohn bringt, sondern Freude, es tun zu dürfen.
ALBERT SCHWEITZER

Was ihr einem von diesen, meinen geringsten Brüdern getan habt, das habt ihr mir getan.
MATTHÄUS 25,40

Die Wollfäden

Einmal hatte ich eine zeitlang in China gelebt. Ich war im Frühjahr in Shanghai angekommen und konnte und konnte mich nicht eingewöhnen. Am Heiligen Abend, ich saß wieder einmal verheult in meinem Zimmer, überreichte mir der Koch ein Geschenk.

Es war eine chinesische Kupfermünze mit einem Loch in der Mitte, und durch das Loch waren viele bunte Wollfäden gezogen und dann zu einem Zopf zusammengeflochten. „Eine sehr alte Münze", sagte der Koch feierlich. „Und die Wollfäden sind von mir und meiner Frau, vom Zimmerkuli und seiner Schwester, vom Ofenkuli und seinen Eltern und Brüdern." Ich bedankte mich sehr.

Als ich die Münze mit ihrem bunten Wollzopf einem Bekannten zeigte, der schon lange in China lebte, erklärte er mir ihre Bedeutung: Jeder Wollfaden war eine Stunde des Glücks.

Der Koch war zu seinen Freunden gegangen und hatte sie gefragt: „Willst du von dem Glück, das dir für dein Leben bestimmt ist, eine Stunde abtreten?" Und alle hatten für mich, die fremde Europäerin, einen Wollfaden abgegeben. Es war ein großes Opfer, das sie brachten. Denn es lag nicht in ihrer Macht, zu bestimmen, welche Glücksstunde es sein würde. Von diesem Tag an habe ich mich in China zu Hause gefühlt.

JOE LEDERER[6]

Die Zeit ist kurz. Oh Mensch, sei weise und wuchre mit dem Augenblick! Nur einmal machst du diese Reise, lass eine Segensspur zurück.
VERS AN DER SONNENUHR
DES KLOSTERS BEURON

Wenn wir einander lieben, bleibt Gott in uns, und seine Liebe ist in uns vollendet.
1. JOHANNESBRIEF 4,12

Die Löffel

Ein frommer Mensch kommt zu Gott und bittet: „Herr, ich möchte die Hölle sehen und den Himmel." – „Nimm Elia als Führer", spricht Gott, „er wird dir beides zeigen."

Der Prophet führt den Frommen in einen großen Raum. Ringsum sitzen Menschen, die große Löffel mit langen Stielen in den Händen haben. In der Mitte des Raums steht auf einem Feuer ein Topf mit einem köstlichen Gericht.

Alle in der Runde schöpfen mit ihren langen Löffeln aus dem Topf. Trotzdem sehen sie mager aus, blass und elend. Kein Wunder: Ihre Löffel sind viel zu lang. Sie können sie nicht zum Mund führen, das herrliche Essen nicht genießen.

„Welch seltsamer Raum war denn das?", fragt der Mensch beim Hinausgehen. Der Prophet antwortet: „Die Hölle."

Sie betreten einen anderen Raum. Alles ist genau so wie im ersten. Ringsum Menschen mit langen Löffeln. In der Mitte auf einem Feuer kochend ein Topf mit einem köstlichen Gericht. Alle schöpfen mit ihren langen Löffeln aus dem Topf. Die Menschen hier sehen gesund aus, gut genährt und glücklich.

Der Besucher wundert sich und schaut genau hin. Da sieht er, wie die Menschen sich gegenseitig die Löffel in den Mund schieben. Sie geben einander zu essen. Einer füttert den anderen. Und der Mensch weiß: Das ist der Himmel.

RUSSISCHES MÄRCHEN

Es gibt einen See in der Anderwelt,
drin sind alle Tränen vereint,
die irgend jemand hätt' weinen sollen
und hat sie nicht geweint.
Es gibt ein Tal in der Anderwelt,
da gehen die Gelächter um,
die irgend jemand hätt' lachen sollen
und blieb stattdessen stumm.
Und Blumen blühen in der Anderwelt,
die sind aus Liebe gemacht,
die wir uns hätten geben sollen
und haben's nicht vollbracht.
Und kommen wir einst in die Anderwelt
Viel Dunkles wird sonnenklar,
denn alles wartet dort auf uns,
was hier nicht möglich war.

MICHAEL ENDE

Und sie werden vom Osten und vom Westen,
vom Norden und vom Süden kommen
und im Reich Gottes zu Tisch sitzen.
Und siehe, es gibt Letzte, die werden die Ersten sein
und es gibt Erste, die werden die Letzten sein.

LUKAS 13,29 f.

Die kleinen Leute von Swabeedo

Vor langer Zeit lebten in dem Ort Swabeedo kleine Leute. Sie wurden die Swabeedoler genannt. Sie waren sehr glücklich und liefen den ganzen Tag mit einem freudig-fröhlichen Lächeln umher. Wenn sie sich begrüßten, überreichten sie sich gegenseitig kleine, warme, weiche Pelzchen, von denen jeder immer genug hatte, weil er sie verschenkte und sofort wieder welche geschenkt bekam. Ein warmes Pelzchen zu verschenken, bedeutete für sie: Ich mag dich. So sagten sie sich, dass jeder jeden mochte und das machte sie den ganzen Tag froh.

Außerhalb des Dorfes lebte ein Kobold – ganz einsam in einer Höhle. Wenn ein Swabeedoler ihm ein Pelzchen schenken wollte, lehnte er es ab. Denn er fand es albern, sich Pelzchen zu schenken. Eines Abends traf der Kobold einen Swabeedoler im Dorf, der ihn sofort ansprach: „War heute nicht ein schöner, sonniger Tag?" und er reichte ihm ein besonders weiches Pelzchen.

Der Kobold schaute ihm in den Rucksack mit den Pelzchen. Dann legte er ihm den Arm vertraulich um die Schulter und flüsterte ihm zu: „Nimm dich in acht! Du hast nur noch zweihundertsieben Pelzchen. Wenn du weiterhin so großzügig die Pelzchen verschenkst, hast du bald keine mehr."

Das war natürlich vollkommen falsch gerechnet; denn jeder Swabeedoler hatte, da jeder jedem welche schenkte, immer genug Pelzchen.

Doch kaum hatte der Kobold den verdutzten kleinen Mann verlassen, kam schon sein Freund vorbei und schenkte ihm ein Pelzchen. Doch der Beschenkte reagierte nicht wie bisher. Er packte das Pelzchen ein und sagte zu seinem Kollegen: „Lieber Freund, ich will dir einen Rat geben. Verschenke deine Pelzchen nicht so großzügig, sie könnten dir ausgehen."

Bald gaben sich immer öfters Swabeedoler diesen Rat. So kam es, dass Pelzchen nur noch an allerbeste Freunde verschenkt wurden. Jeder hütete seinen Pelzchenrucksack wie einen Schatz. Sie wurden zu Hause eingeschlossen und wer so leichtsinnig war, damit über die Straße zu gehen, musste damit rechnen, überfallen und beraubt zu werden. Die kleinen Leute von Swabeedo veränderten sich immer mehr. Sie lächelten nicht mehr und begrüßten sich kaum noch. Keine Freude kam mehr in ihr trauriges und misstrauisches Herz.

Erst nach langer Zeit begannen einige kleine Leute wieder wie früher kleine warme, weiche Pelzchen zu schenken. Sie merkten bald, dass ihnen die Pelzchen nicht ausgingen und dass sich Beschenkte und Schenkende darüber freuten. In ihren Herzen wurde es wieder warm, und sie konnten wieder lächeln, auch wenn die Traurigkeit und das Misstrauen nie mehr ganz aus ihren Herzen verschwand.

MÄRCHEN AUS IRLAND

Tue das Gute vor dich hin
und bekümmere dich nicht,
was daraus werden wird.
MATTHIAS CLAUDIUS

Ein neues Gebot gebe ich euch,
dass ihr euch untereinander liebt,
wie ich euch geliebt habe;
so werdet auch ihr einander lieb haben.
Daran, dass ihr Liebe zueinander habt,
wird jeder erkennen, dass ihr meine Jünger seid.
JOHANNES 13,34 f.

Kein verlorener Tag

Nachdem der junge Mann aus dem Zug gestiegen war, blieb er auf dem kleinen Bahnhof stehen und wartete, bis die mit ihm angekommenen Reisenden soweit vorausgegangen waren, dass er sie nicht mehr sehen konnte. Er mochte keine Menschen mehr sehen! Den ganzen Tag über war er in der Stadt gewesen; beim Finanzamt, beim Arbeitsamt, bei der Krankenkasse. Den ganzen Tag hatte er damit vertan, zu warten, Fragen vorzubringen, Formulare auszufüllen. Aber erreicht hatte er nichts. Jetzt wollte er allein sein. Er machte sich auf den Weg. Es war ein milder Wintertag. Aber es hatte angefangen, wieder zu frieren. Glatteis bedeckte die Straße. Bei jedem Schritt musste er den Fuß vorsichtig aufsetzen.

Er war noch nicht weit gekommen, da sah er vor sich die Gestalt einer alten Frau: Ängstlich setzte sie Fuß um Fuß auf das glatte Pflaster. Der erste Gedanke des jungen Mannes war: „Ich muss ihr helfen!" Dann dachte er: „Warum gerade ich? Wer hilft denn mir? Wozu ist sie überhaupt in der Dunkelheit und bei dem Glatteis noch unterwegs? Sie hätte doch zu Hause bleiben sollen in dem Alter!"

Als er die Frau aber eingeholt hatte, fasste er sie wie selbstverständlich unter dem Arm, stützte sie und sagte: „Darf ich Ihnen helfen? Sie fallen ja sonst."

„Ach, ich danke Ihnen", sagte die Frau. „Das ist nett von ihnen. Ich hatte gehofft, es würde jemand an der Bahn sein und mich abholen. Meine Tochter ist nämlich krank. Da haben sie mir geschrieben, ich möchte doch kommen und helfen. Es muss ja jemand bei den Kindern sein und den Haushalt besorgen."

„Wo wohnt denn Ihre Tochter?" „Im nächsten Ort wohnt sie. Es sind nur drei Kilometer. Aber bei Glatteis ist das ein furchtbar weiter und mühsamer Weg für mich." Drei Kilometer. Der junge Mann erschrak. „Die denkt doch wohl nicht, dass ich sie den ganzen Weg schleppe?" „Sie sind mit Ihren jungen Beinen doch viel schneller. Lassen Sie sich durch mich nicht zurückhalten. Wenn ich erst am Ortsausgang bin, gehe ich auf dem Sommerweg, der wird ja nicht so glatt sein."

Zwei junge Mädchen überholten die beiden. Sie gingen in Richtung zum Ortsausgang. „Hallo", rief der junge Mann. „Gehen Sie nach …" Er nannte den Namen des nächsten Ortes. „Ja", antwortete eine Stimme. „Dann nehmen Sie doch bitte die alte Frau hier mit. Nehmen Sie sie in die Mitte, sie fällt sonst." Aber die jungen Mädchen gingen weiter. Sie lachten. „Lassen Sie nur", sagte die alte Dame. „Ich werde schon allein weiterkommen. Wenn ich erst auf dem Sommerweg bin – "

„Nein", sagte der junge Mann, „ich bringe Sie bis zu Ihrer Tochter. So viel Zeit habe ich, und mir macht das nichts aus."

Als er nachher die drei Kilometer zurückging, war er fröhlich und guter Dinge, schlidderte auf der Landstraße dahin, und seine Gedanken waren: Dass der Tag nun doch nicht verloren sei. Zwar war ihm nicht geholfen worden, er aber hatte helfen können, und das war sogar mehr.

HANSJÜRGEN WEIDLICH

Verschenken Sie Ihre Zeit – und sie kommt doppelt zurück.
LOTHAR SEIWERT

Wenn dich jemand nötigt,
eine Meile mitzugehen,
so geh mit ihm zwei.
Gib dem, der dich bittet.
MATTHÄUS 5,41 f.

Der Ire im Himmel

Einmal starb ein Ire ganz unverhofft. Nun stand er vor Christus. Der musste entscheiden, ob der Ire in den Himmel kommt oder nicht.

Eine ganze Reihe Leute, große und kleine, waren vor dem Iren an der Reihe. Er bekam genau mit, was die Einzelnen vorzuweisen hatten und wie Jesus entschied.

Jesus schlug in einem dicken Buch nach und sagte zu dem Ersten: „Da steht: Ich hatte Hunger und du hast mir zu essen gegeben. Bravo, ab in den Himmel!"

Zum Zweiten sagte er: „Ich hatte Durst und du hast mir zu trinken gegeben!"

Und zum Dritten: „Ich war krank und du hast mich besucht. Bravo, ab in den Himmel ihr beiden!"

Dann kam ein achtjähriger Junge. Zu dem sagte er: „Hier steht: Keiner wollte etwas mit mir zu tun haben. Du aber hast mich zum Mitspielen eingeladen. Bravo, ab in den Himmel." Und zu einem zehnjährigen Mädchen sagte Jesus: „Hier steht, alle haben mich beschimpft. Du aber hast mich verteidigt. Bravo, ab in den Himmel."

Bei jedem, der so in den Himmel befördert wurde, machte der Ire Gewissensforschung und jedes Mal kam ihm das Zittern. Er hatte keinem etwas zu essen gegeben oder zu trinken und Kranke hatte er nicht besucht und Schwache nicht verteidigt. Wie würde es ihm ergehen, wenn er vor Jesus, dem König, stehen würde?

Und dann war er auch schon an der Reihe. Er blickte auf Jesus, der in seinem Buch nachschlug und zitterte vor Angst. Dann blickte Jesus auf. „Da steht nicht viel geschrieben", sagte er. „Aber etwas hast du auch getan." Und der Ire meinte zu beobachten, dass Jesus dabei schmunzelte. „Hier steht: Ich war

traurig, enttäuscht, niedergeschlagen – und du bist gekommen
und hast mir Witze erzählt. Du hast mich zum Lachen gebracht
und mir Mut gegeben. Ab in den Himmel!"

Und der Ire machte einen Freudensprung durchs Himmels-
tor.

AUS IRLAND

Der Himmel hat den Menschen als Gegengewicht
zu den vielen Mühseligkeiten des Lebens
drei Dinge gegeben: Die Hoffnung, den Schlaf und das Lachen.
IMMANUEL KANT

Ein fröhliches Herz tut dem Leibe wohl;
aber ein betrübtes Gemüt lässt das Gebein verdorren.
SPRÜCHE 17,22

Danken

und

Bitten

Die Wunderpillen

Ein Arzt besucht im Pflegeheim seine Patienten. In einer Wohnzimmergruppe fällt ihm ein 96-jähriger Mann auf, der ihn, wenn er vorbeigeht, stets zufrieden und freundlich grüßt. Eines Abends hat der Arzt nach dem Besuch bei einem anderen Bewohner noch etwas Zeit für ihn und kommt mit ihm ins Gespräch. „Sie wirken immer so fröhlich und zufrieden. Was ist Ihr Geheimnis, dass es Ihnen in Ihrem Alter so gut geht?" Lächelnd antwortet der alte Mann: „Wissen Sie Herr Doktor, ich nehme jeden Tag zwei Pillen ein, die helfen mir."

Verwundert schaut ihn der Arzt an und fragt: „Sie nehmen zwei Pillen täglich? Hat Ihnen Ihr Arzt die verordnet?"

Der alte Mann lacht verschmitzt und antwortet: „Nein, nein, das kann er gar nicht. Auch Sie können mir diese Tabletten nicht verschreiben. Am Morgen nehme ich gleich nach dem Aufstehen die Pille Zufriedenheit und am Abend, bevor ich einschlafe, nehme ich noch die Pille Dankbarkeit. Diese beiden Arzneien haben ihre Wirkung noch nie verfehlt."

„Oh, das will ich Ihnen gerne glauben", erwidert erstaunt der Arzt. „Die Medikamente scheinen zu wirken. Ich werde Ihr Rezept meinen Patienten gern weiter empfehlen."

Ein einziger dankbarer Gedanke gen Himmel
ist das vollkommenste Gebet.
GOTTHOLD EPHRAIM LESSING

Lobe den Herrn meine Seele und vergiss nicht,
was er dir Gutes getan hat.
PSALM 103,2

Verborgene Kraft

Die Legende erzählt, dass der König einst den alten und gelehrten Mönch Paulinus in seiner Zelle besuchte, um sich bei ihm Rat zu holen. Staunend stand der König vor der Fülle dicker Bücher und Folianten. „Ich beneide dich, Paulinus", sagte er, „dass es dir vergönnt ist, die göttliche Weisheit in all diesen gelehrten Werken einzufangen."

„Du irrst", entgegnete der Mönch, und er führte den König in den Stall, wo der Bruder Stallmeister seine Arbeit für ein kurzes Gebet unterbrochen hatte. „Aus diesen gefalteten Händen", sagte Paulinus, „strömt Gottes Kraft in unsere Welt – nicht aus meinen Büchern."

ÜBERLIEFERT

Ein Konzertpianist sagte: „Wenn ich einen Tag nicht übe, merke ich es. Wenn ich zwei Tage nicht übe, merken es meine Freunde. Wenn ich drei Tage nicht übe, merkt es das Publikum."

Mir geht es ähnlich mit dem Beten: „Wenn ich einen Tag nicht bete, merkt es Gott. Wenn ich zwei Tage nicht bete, spüre ich es selber. Wenn ich drei Tage nicht bete, spürt es meine Umgebung."

BISCHOF OTTO DIBELIUS

Bittet, so wird euch gegeben;
sucht, so werdet ihr finden,
klopft an, so wird euch aufgetan!
LUKAS 11,9

Das meistgesprochene Wort

Im April 1967 wurde in London die erste „Sterbeklinik" eröffnet, das St. Christopher's Hospice. Dort habe ich eine Woche lang Schwerkranke gewaschen, Medikamente ausgeteilt, Essen ausgegeben, Betten gemacht, Sterbenden die Hand gehalten. An einem der Tage habe ich für Rebecca Wasser eingelassen. Sie leidet an einer unheilbaren Gehirnkrankheit. Es ist ein Wunder, dass sie noch lebt. Sie genießt es, gebadet zu werden. Bevor ich sie dann anziehe, um sie in den Garten zu fahren, muss ich sie schminken. Aus einem ärmlichen Kunstledertäschchen krame ich ihre Kosmetikutensilien: die zerkrümelten Lippenstiftproben, ein Kästchen mit Lidschatten. Rebecca entscheidet sich für einen orange-roten Lippenstift und blauen Lidschatten. „Thank you", sagt sie kaum hörbar, als ich fertig bin. Es ist das meistgesprochene Wort in der Sterbeklinik.

FEE ZSCHOCKE

Es ist, als offenbare sich erst dem alten Menschen im neuen und intensiven Annehmen der Dinge und Geschöpfe ihr eigentliches Wesen auf dieser, trotz allem, so schönen und geliebten Erde. Vieles von dem, was er früher als eine Selbstverständlichkeit betrachtet hat, wird jetzt zu einem kostbaren Geschenk. Und dann bleibt es nicht aus, dass den alten Menschen ein großes Gefühl vom Kopf bis zu den Füßen durchschauert, immer wieder: Dankbarkeit. Der alte Mensch wird, wenn er nicht von allen guten Geistern verlassen ist, was freilich auch vorkommt, fast zwangsläufig zu einem dankbaren Menschen.

MANFRED HAUSMANN AN SEINEM 85. GEBURTSTAG

Was betrübst du dich, meine Seele, und bist so unruhig in mir? Harre auf Gott! denn ich werde ihm noch danken, dass er meines Angesichts Hilfe und mein Gott ist.

PSALM 42,6

Der Tanz des Gauklers

Es war einmal ein Gaukler, der tanzend von Ort zu Ort zog, bis er des unsteten Lebens müde war. Da trat er in ein Kloster ein. Aber das Leben der Mönche war ihm fremd. Als er sah, wie jedermann des Gebetes kundig schien und im Chor die Messe sang, stand er beschämt dabei und sprach: „Was tu ich hier? Ich weiß nicht zu beten und bin der Kutte nicht wert, in die man mich kleidete." In seinem Gram flüchtete er in eine abgelegene Kapelle. „Wenn ich schon nicht mitbeten kann, so will ich doch tun, was ich kann." Rasch streift er das Mönchsgewand ab und steht da in seinem bunten Gaukler-Röckchen. Während vom hohen Chor die Psalmengesänge herüberwehen, beginnt er mit Leib und Seele zu tanzen. Mal geht er auf seinen Händen durch die Kapelle, mal überschlägt er sich in der Luft und springt die kühnsten Tänze, um Gott zu loben. Ein Mönch hatte durch ein Fenster seine Tanzsprünge mit angesehen und heimlich den Abt geholt. Am anderen Tag ließ dieser den Bruder zu sich rufen. Der Arme erschrak zutiefst und glaubte, er solle des verpassten Gebetes wegen gestraft werden. Er fiel vor dem Abt nieder und sprach: „Ich weiß, Herr, dass hier meines Bleibens nicht ist. So will ich in Geduld die Unrast der Straße wieder ertragen." Doch der Abt neigte sich vor ihm, küsste ihn und bat ihn, für ihn und alle Mönche bei Gott einzustehen: „In deinem Tanze hast du Gott mit Leib und Seele gerühmt. Uns aber möge er alle Worte verzeihen, die über die Lippen kommen, ohne dass unser Herz sie sendet."

FRANZÖSISCHE LEGENDE

O Mensch lerne tanzen,
sonst wissen die Engel im Himmel
nichts mit dir anzufangen.
AURELIUS AUGUSTINUS

Ich will dem Herrn singen
mein Leben lang und meinen
Gott loben, solange ich bin.
PSALM 104,33

Ein Feld voller Rosen

Über Nacht war im chinesischen Hochland der Winter eingezogen. Die Erde hatte ein weißes Kleid angezogen und es war bitter kalt geworden. Auf dem Weg durch die schneebedeckten Felder war nur ein einsamer Mönch zu sehen. Er wanderte zu einem benachbarten Kloster. Kurz vor einem Dorf traf er auf eine alte Frau, die Holz spaltete. Tränen liefen über ihr vom Wetter gegerbtes Gesicht.

Der Mönch blieb stehen und fragte, warum sie so traurig sei. „Ich denke an meine verlorene Jugend", antwortete sie, „ an meine frühere Schönheit. An all die Verehrer, die ich gehabt habe. Und dass das nun alles vorbei ist. Gott ist doch grausam, dass in mir immer wieder all diese Erinnerungen hochkommen. Er muss doch gewusst haben, dass mich diese Erinnerungen nur traurig machen."

Plötzlich drehte sich der Mönch um, sah zurück über die schneebedeckten Felder, als entdeckte er in der Ferne etwas Wunderschönes.

Die Frau hörte auf, Holz zu spalten, wischte sich die Tränen ab und fragte erstaunt: „Was ist denn da Besonderes zu sehen?"

„Ich sehe ein Feld voll wunderschöner Rosen", antwortete der Mönch. „Denn Gott hat mir die Fähigkeit gegeben, mich an die schönen Dinge in meinem Leben zu erinnern. So kann ich mich mitten im Winter an den Frühling erinnern – und dann muss ich unwillkürlich lächeln und mein Herz wird wieder froh."

ÜBERLIEFERT

Je schöner und voller die Erinnerung, desto schwerer die Trennung. Aber die Dankbarkeit verwandelt die Qual der Erinnerung in eine stille Freude.

DIETRICH BONHOEFFER

Ich will den Herren loben alle Zeit. Sein Lob soll immerdar in meinem Munde sein.

PSALM 34,2

Glauben und Gebet

Bei einem Rundgang im Garten des Klosters fragte ein Novize den Abt: „Ich habe in den letzten Wochen die große Bedeutung des Gebets kennen gelernt. Gibt es eigentlich noch etwas Wichtigeres als das Gebet?"

Der Abt bat den jungen Bruder, zu einem Holunderbusch in der Ecke des Gartens zu gehen und dort einen Zweig abzuschneiden.

Als er zurückkam, nahm der Abt den Zweig in die Hand und fragte: „Lebt der Holunder jetzt immer noch weiter?"

„Natürlich, das schadet ihm nichts", antwortete der Novize.

„Dann geh' jetzt noch einmal, nimm dir einen Spaten mit und schneide ringsherum die Wurzeln ab."

„Aber wenn ich das mache, stirbt doch der Holunderbusch", entgegnete der junge Mönch.

„Das ist richtig", sagte der Abt. „Es ist nämlich so: „Die Zweige eines Baumes sind die Gebete, dessen Wurzel aber ist der Glaube." Und er fügte hinzu: „Den Glauben kann es auch ohne ein Gebet geben. Aber es kann kein Gebet ohne Glauben geben."

ÜBERLIEFERT

Glaube ist nicht der menschliche Wahn und Traum, den etliche für Glauben halten. Glaube ist ein göttliches Werk in uns, das uns wandelt und neu gebiert aus Gott, und tötet den alten Adam, macht uns ganz zu anderen Menschen von Herz, Mut, Sinn und allen Kräften und bringt den Heiligen Geist mit sich.

MARTIN LUTHER

Alle Dinge sind möglich dem, der da glaubt.

MARKUS 9,23

Maximiliane und ihre Kinder

Der alte Pfarrer nimmt am Tisch Platz und legt die gefalteten Hände auf die Tischplatte. Maximiliane setzt sich ihm gegenüber, ebenfalls die Hände auf dem Tisch.

„Sind Sie hungrig?", fragt sie. Öffnet, ohne die Antwort abzuwarten, eine Dose Corned Beef und schneidet von einem Brotlaib eine dicke Scheibe ab. Die Kinder sehen dem alten Mann zu, wie er die Rinde vom Brot schneidet und sich kleine Stücke in den Mund schiebt. „Wir Pommern", sagt er beim Kauen, „haben immer miteinander gegessen, wenn wir uns besucht haben und dabei nie viel geredet. Nur der alte Quindt, der sagte schon mal was." „Sprichst du manchmal mit den Kindern über IHN?"

Inzwischen hatte er weitergedacht und meinte nicht mehr Quindt. Maximiliane war seinen Gedanken gefolgt. Sie schüttelte den Kopf, entschließt sich dann aber doch, einen Satz zu sagen. „Ich spreche manchmal mit IHM über meine Kinder."

Der alte Pfarrer blickte sie aufmerksam an. Nickt dann und sagt: „Das ist auch eine Möglichkeit."

CHRISTINE BRÜCKNER[7]

Niemand unter den Sterblichen ist so groß,
dass er nicht in ein Gebet eingeschlossen werden könnte.
BERTOLT BRECHT

Das inständige Gebet eines Gerechten kann viel bewirken.
JAKOBUSBRIEF 5,16b

Der Johannisbrotbaum

Ein Weiser ging einmal über Land und sah einen Mann, der einen Johannisbrotbaum pflanzte. Er blieb bei ihm stehen, sah ihm zu und fragte: „Wann wird das Bäumchen wohl Früchte tragen?" Der Mann erwiderte: „In siebzig Jahren."

Da sprach der Weise: „Du Tor! Denkst du in siebzig Jahren noch zu leben und die Früchte deiner Arbeit zu genießen? Pflanze lieber einen Baum, der eher Früchte trägt, dass du dich ihrer erfreust in deinem Leben."

Der Mann aber hatte sein Werk vollendet und sah freudig darauf und antwortete: „Herr, als ich zur Welt kam, da fand ich Johannisbrotbäume und aß von ihnen, ohne dass ich sie gepflanzt hatte, denn das hatten meine Väter getan. Habe ich nun genossen, wo ich nicht gearbeitet habe, so will ich einen Baum pflanzen für meine Kinder und Enkel, dass sie davon genießen. Wir Menschen mögen nur bestehen, wenn einer dem anderen die Hand reicht."

JÜDISCHE WEISHEIT

Gib, indem du empfängst,
und lerne im Geben empfangen.
JOHANN KASPAR LAVATER

Gott spricht:
Ich will dich segnen,
und du sollst ein Segen sein.
1. MOSE 12,2

Die Traube

Ein Landwirt kommt zum Kloster. In der Hand hat er eine große Weintraube mit herrlich gelben saftigen Beeren. „Bruder Pförtner, ich habe die schönste Weintraube aus meinem Weinberg mitgebracht. Raten Sie mal, wem ich damit eine Freude machen will?"

„Wahrscheinlich dem Abt oder sonst einem Pater. Ich weiß es nicht." „Nein, Ihnen!" „Mir? Sie haben an mich gedacht?" Er findet kaum Worte. Die Freude, die der Landwirt im Gesicht des anderen sieht, macht ihn selbst froh.

Der Bruder Pförtner legt die Weintraube vor sich hin. „Ach, die ist viel zu schön, um etwas davon abzupflücken." Den ganzen Vormittag freut er sich an ihrem Anblick. Dann hat er eine Idee. Wenn ich die jetzt unserem Vater Abt schenke, was für eine Freude wird der haben!

Und er gibt die Traube weiter. Der Abt freut sich wirklich. Als er abends einen kranken Pater in seinem Zimmer besuchen will, kommt ihm der Gedanke: „Den kannst du sicher mit dieser Traube froh machen." So wandert die Traube weiter. Schließlich bringt sie ein Mönch wieder zum Bruder Pförtner, um ihm einmal eine Freude zu machen. So hat sich der Kreis geschlossen. Ein Kreis der Freude.

Die Seele nährt sich von dem, woran sie sich freut.
AURELIUS AUGUSTINUS

> Freut euch im Herrn alle Zeit und
> abermals sage ich: Freut euch!
> Lasst alle Menschen eure Güte erfahren.
> Der Herr ist nahe.
> PHILIPPERBRIEF 4,4 f.

Die Blüte des Geistes

Ein Schüler fragte den Meister, warum er Gott danken solle, denn Gott bedürfe seines Dankes doch gar nicht.

„Er nicht", antwortete der Meister, „aber du."

„Ich soll auf den Dank angewiesen sein, den ich dem Höchsten darzubringen bereit bin?" wunderte sich der Schüler. „Das ist doch ein Widerspruch in sich."

„Muß nicht erst die Pflanze blühen, bevor sie Früchte trägt?", fragte der Meister.

„Darin liegt ihre Bestimmung und Vollendung", antwortete der Schüler.

„Die Dankbarkeit", sagt der Meister, „ist die Blüte des Geistes."[8]

Ich selber kann und mag nicht ruhn,
des großen Gottes großes Tun,
erweckt mir alle Sinnen;
ich singe mit, wenn alles singt,
und lasse, was dem Höchsten klingt,
aus meinem Herzen rinnen.
PAUL GERHARDT

Das ist ein köstlich Ding, dem Herrn danken
und lobsingen deinem Namen, du Höchster,
des Morgens deine Gnade
und des Nachts deine Wahrheit verkündigen.
PSALM 92,2 f.

Drei Drittel

Ein Fürst traf auf einem Spazierritt einen fleißigen und frohen Bauern, der auf seinem Feld arbeitete und ließ sich mit ihm in ein Gespräch ein. Nach einigen Fragen erfuhr er, dass der Acker nicht sein Eigentum sei, sondern dass er als Tagelöhner täglich um fünfzehn Kreuzer arbeite.

Der Fürst verstand nicht, wie es möglich sei, täglich mit fünfzehn Kreuzern auszukommen und so frohen Mutes dabei zu sein, und verwunderte sich darüber. Der brave Landmann erwiderte ihm: „Es wäre übel, wenn ich so viel brauchte. Mir muss ein Drittel davon genügen; mit dem anderen Drittel zahle ich meine Schulden ab, und den übrigen Drittteil lege ich auf Kapitalien an."

Das war dem guten Fürsten ein neues Rätsel. Aber der fröhliche Landmann fuhr fort und sagte: „Ich teile meinen Verdienst mit meinen alten Eltern, die nicht mehr arbeiten können und mit meinen Kindern, die es erst lernen müssen; jenen vergelte ich die Liebe, die sie mir in meiner Kindheit erwiesen haben und von diesen hoffe ich, dass sie mich einst in meinem müden Alter auch nicht verlassen werden."

JOHANN PETER HEBEL

Segen in meinem Leben zu erkennen, heißt für mich:
Ich konzentriere mich auf das, was ich habe,
nicht auf das, was ich nicht habe,
und für den Rest vertraue ich Gott.
HELEN LESCHEID

Seid dankbar in allen Dingen.
1. THESSALONICHERBRIEF 5,18

Vertrauen

und

Hinterfragen

Die Bärenraupe

Keine Chance. Sechs Meter Asphalt.
20 Autos in einer Minute.
Fünf Laster. Ein Schlepper. Ein Pferdefuhrwerk.

Die Bärenraupe weiß nichts von Autos.
Sie weiß nicht, wie breit der Asphalt ist.
Sie weiß nichts von Fußgängern, Radfahrern,
Mopeds.

Die Bärenraupe weiß nur, dass jenseits
Grün wächst. Herrliches Grün, vermutlich fressbar.
Sie hat Lust auf Grün. Man müsste hinüber.

Keine Chance. Sechs Meter Asphalt.
Sie geht los. Geht los auf Stummelfüßen.
Zwanzig Autos in der Minute.

Geht los ohne Hast. Ohne Furcht. Ohne Taktik.
Fünf Laster. Ein Schlepper. Ein Pferdefuhrwerk.
Geht los und geht und geht und geht
und kommt an.
RUDOLF OTTO WIEMER[9]

Alles beginnt mit der Sehnsucht.
NELLY SACHS

Ich warte sehnsuchtsvoll auf deine Hilfe, denn ich verlasse mich
auf dein Versprechen. Ich schaue mir die Augen danach aus. Herr,
wann löst du es ein und tröstest mich?
PSALM 119,81 f.

Der Mann mit den Bäumen

Ein alter Mann in den Cevennen in Frankreich. Seine Frau war gestorben, dann stirbt auch sein einziger Sohn. Er gerät in eine tiefe Krise. Wofür soll er jetzt noch leben? Eines Tages entschließt er sich, alles zu verlassen. Er gibt seinen Bauernhof in einer fruchtbaren Ebene auf und zieht in die Berge.

Nur 50 Schafe nimmt er mit. Immer weiter zieht er die Berge hinauf in die steinübersäten Cevennen. Eine trostlose Landschaft, in der nur wenige Sträucher wachsen, fast keine Bäume. Weit verstreut liegen fünf Dörfer mit zerfallenen Häusern. Die Menschen haben die Bäume zum Heizen im Winter abgeschlagen. Sie streiten sich um die wenigen kargen Weideplätze. Die jungen Leute ziehen fort in die Stadt. Da erkennt der alte Mann: Auf Dauer wird diese ganze Landschaft absterben, wenn hier keine Bäume wachsen!

In einem kleinen Waldstück am Rand der Berge sammelt er einen Sack mit Eicheln. Die kleinen sortiert er aus, auch die mit Rissen wirft er fort. Dann legt er die guten, kräftigen Eicheln in einen Eimer mit Wasser. Nachdem sie sich richtig vollgesaugt haben, nimmt er einen Eisenstab und zieht los. An den kahlen Hängen stößt er in größeren Abständen den Eisenstab in die Erde, legt eine Eichel hinein und bedeckt sie mit Humus.

Immer wieder holt er neue Eicheln aus dem Tal und pflanzt sie, bevor der Frühjahrsregen übers Land zieht. Nach drei Jahren hat er auf diese Weise 100.000 Eicheln gesetzt. Er hofft, dass 10.000 von ihnen treiben, und er hofft, dass Gott ihm noch ein paar gute Jahre schenken wird, neuem Leben zum Durchbruch zu verhelfen. Als der alte Mann 1947 im Alter von 89 Jahren stirbt, hat er einen der schönsten Wälder Frankreichs geschaffen. Heute fahren Touristen mit dem Bus in die Cevennen hinauf, um den Eichenwald zu bestaunen. Er misst elf Kilometer in der Länge und ist drei Kilometer breit.

Die unzähligen Wurzeln der Bäume halten jetzt den Regen fest, saugen Wasser an. In den Bächen der Cevennen fließt wieder Wasser. Es gibt wieder Weiden, auf denen Schafe und Kühe grasen. Sogar Blumen wachsen auf den Wiesen und die Vögel kehren zurück.

Erstaunlich, dass der Wald auch in den Dörfern vieles verändert hat: Einige junge Leute kommen zurück. Sie kaufen die verfallenen Häuser und bauen sie wieder auf, streichen sie an, eröffnen Ateliers und Cafés. Alle haben wieder Lust am Leben, freuen sich an der Schönheit der Natur und an der guten Luft. Nur wenige wissen, wem sie das zu verdanken haben. Dass es nur ein einziger alter Mann war, der neues Leben pflanzte.

Wir sind ein Teil dieser Erde,
und sie ist ein Teil von uns.
INDIANISCHES SPRICHWORT

> Herr, deine Güte reicht, so weit der Himmel ist,
> und deine Wahrheit, so weit die Wolken gehen.
> Bei dir ist die Quelle des Lebens
> und in deinem Licht sehen wir das Licht.
> PSALM 36,6.10

Die Lilie

An einer entlegenen Stelle des Parks blühte eine Lilie, sorglos und froh. Eines Tages kam ein kleiner Vogel und besuchte die Lilie dort. An den nächsten Tagen kam er immer wieder und setzte sich zu der Lilie, bis sich die Lilie in den Vogel verliebte, weil er immer so gut gelaunt war. Doch der Vogel meinte es mit der Lilie nicht gut. Er ließ sie ihre Gebundenheit und seine Freiheit fühlen. Er erzählte ihr von anderen herrlichen Lilien, die anderswo blühten und viel mehr Beachtung fänden.

Darüber wurde die Lilie allmählich bekümmert und begann, sich mit ihrem Geschick zu beschäftigen. Sie kam sich selbst immer kümmerlicher vor und wünschte sich sehnlichst, an einer ganz anderen Stelle zu wachsen; unter den Kaiserkronen und Königsblumen, von denen ihr der Vogel so viel erzählt hatte.

So bat sie eines Tages den kleinen Vogel, er möchte sie doch in seinem Schnabel mitnehmen zu all den anderen Blumen, die so prächtig blühten. Der Vogel erfüllte ihr diesen Wunsch. Mit seinem Schnabel hackte er das Erdreich rings um die Wurzeln der Lilie weg und trug sie dann unter seinen Flügeln davon. Er wollte sie dorthin tragen, wo sie in besserer Gesellschaft eine prachtvollere Lilie sein könnte. Doch unterwegs verwelkte die Lilie.

Hätte die bekümmerte Lilie sich genügen lassen, Lilie zu sein, wo Gott sie hingestellt hatte, wäre sie in all ihrer Pracht dort geblieben. Dann wäre sie die Lilie gewesen, über die der Pfarrer am Sonntag sprach, als er das Evangelium las: „Betrachtet die Lilien auf dem Felde. Ich sage euch, dass auch Salomo in all seiner Herrlichkeit nicht gekleidet gewesen ist wie eine von ihnen."

NACH SÖREN KIERKEGAARD

Vor dem Ende sprach Rabbi Sussja:
In der kommenden Welt
wird man mich nicht fragen:
„Warum bist du nicht Mose gewesen?"
Man wird mich fragen:
„Warum bis du nicht Sussja gewesen?"
  MARTIN BUBER[10]

Nun spricht der Herr:
Fürchte dich nicht, denn ich habe dich erlöst;
ich habe dich bei deinem Namen gerufen;
du bis mein!
  JESAJA 43,1

Ich bin Colombin

Am Hofe gab es starke Leute und gescheite Leute, der König war ein König, die Frauen waren schön und die Männer mutig, der Pfarrer fromm und die Küchenmagd fleißig – nur Colombin war nichts. Wenn jemand sagte: „Komm, Colombin, kämpf mit mir", sagte Colombin: „Ich bin schwächer als du". Wenn jemand sagte: „Wie viel gibt zwei mal sieben?", sagte Colombin: „Ich bin dümmer als du". Wenn jemand sagte: „Getraust du dich, über den Bach zu springen?", sagte Colombin: „Nein, ich getraue mich nicht".

Und wenn der König fragte: „Colombin, was willst du werden?", antwortet Colombin: „Ich will nichts werden, ich bin schon etwas. Ich bin Colombin."

PETER BICHSEL

Ganz und gar man selbst zu sein,
kann schon einigen Mut erfordern.
SOPHIA LOREN

Was ist der Mensch, dass du seiner gedenkst,
und des Menschenkind, dass du dich seiner annimmst?
Du hast ihn wenig niedriger gemacht als Gott,
mit Ehre und Herrlichkeit hast du ihn gekrönt.
PSALM 8,5 f.

Legende vom modernen Menschen

Ein „moderner" Mensch verirrte sich in einer Wüste. Die unbarmherzige Sonnenglut hatte ihn ausgedörrt. Da sah er in einiger Entfernung eine Oase. „Aha, eine Fata Morgana", dachte er. „Eine Luftspiegelung, die mich narrt. Denn in Wirklichkeit ist gar nichts da."

Er näherte sich der Oase, aber sie verschwand nicht. Er sah immer deutlicher die Dattelpalmen, das Gras und vor allem die Quelle. „Natürlich eine Hungerphantasie, die mir mein halb wahnsinniges Gehirn vorgaukelt", dachte er. „Jetzt höre ich sogar das Wasser sprudeln. Sicher eine Gehörhalluzination. Wie grausam doch die Natur ist."

Kurze Zeit später fanden ihn zwei Beduinen – tot. „Kannst du so etwas verstehen?", sagte der eine zum anderen. „Die Datteln wachsen ihm beinahe in den Mund und dicht neben der Quelle liegt er verhungert und verdurstet. Wie ist so etwas möglich?" Da antwortete der andere: „Er war ein moderner Mensch."

VERFASSER UNBEKANNT

Ein ortsbekannter Zweifler kniet in einer Kirchenbank.
Sein Nachbar ist erstaunt, als er ihn sieht und spricht ihn an.
„Ich denke, du glaubst nicht an Gott?" –
„Freilich nicht", antwortet der Zweifler.
„Aber weiß ich, ob ich recht habe?"

MÜNDLICH ERZÄHLT

Wenn ihr mich von ganzem Herzen suchen werdet,
so will ich mich von euch finden lassen, spricht der Herr.

JEREMIA 29,13 f.

Die drei Siebe

Ganz aufgeregt kam einer zum Weisen Sokrates gelaufen: „Höre, Sokrates, das muss ich dir erzählen, wie dein Freund ..." „Halt ein!" unterbrach ihn der Weise. „Hast du das, was du mir erzählen willst, durch die drei Siebe gesiebt?" „Drei Siebe?", fragte der andere verwundert.

„Ja, drei Siebe. Das erste Sieb ist die Wahrheit. Hast du alles, was du mir erzählen willst, daraufhin geprüft, ob es wahr ist?" „Nein, ich hörte es erzählen." „So, so. Aber sicher hast du es mit dem zweiten Sieb geprüft. Es ist die Güte. Ist, was du mir erzählen willst, wenn schon nicht als wahr erwiesen, so doch wenigstens gut?" „Nein, das ist es nicht, im Gegenteil." Der Weise unterbrach ihn. „Lass uns auch noch das dritte Sieb anwenden und fragen, ob es notwendig ist, mir das zu erzählen, was dich so erregt."

„Notwendig nun gerade nicht", sagte der Mann.

„Also", lächelte der Weise, „wenn das, was du mir erzählen willst, weder wahr, noch gut, noch notwendig ist, so lass es begraben sein und belaste dich und mich nicht damit."

Die Wahrheit sagen bedeutet, je nach dem Ort, an dem man sich befindet, etwas Verschiedenes. Wie das Wort zwischen Eltern und Kindern, deren Wesen gemäß ein anderes ist als das zwischen Mann und Frau, zwischen Freund und Freund, zwischen Lehrer und Schüler, zwischen Obrigkeit und Untertan, zwischen Freund und Feind – ebenso ist die in diesen Worten enthaltene Wahrheit eine verschiedene.

Die Wahrheit sagen, ist also nicht nur eine Sache der Gesinnung, sondern auch der richtigen Erkenntnis und des ernsthaften Bedenkens der wirklichen Verhältnisse. Je mannigfaltiger die Lebensverhältnisse eines Menschen sind, desto verantwortlicher und schwerer wird es für ihn, die Wahrheit zu sagen.

Die Wahrheit zu sagen, muss also gelernt werden. Das klingt für denjenigen gräulich, der meint, allein die Gesinnung müsse es machen, und wenn diese untadelig sei, sei alles andere ein Kinderspiel. Das jeweils rechte Wort zu finden, ist eine Sache langer ernsthafter und immer fortschreitender Bemühung aufgrund von Erfahrung und Erkenntnis des Wirklichen.

DIETRICH BONHOEFFER[11]

Legt die Lüge ab und redet untereinander die Wahrheit,
denn wir sind als Glieder miteinander verbunden.

EPHESERBRIEF 4,25

Der Tod hat keine Hände

Einem afrikanischen Christen wurde seine 17-jährige Tochter durch den Tod genommen. Trauer erfüllte die ganze Familie. Aber sie war auch getröstet durch die Hoffnung auf ein ewiges Leben. Auf das Grab der Tochter setzte der Vater ein schlichtes Holzkreuz und schrieb die Worte darauf: „Der Tod hat keine Hände!" Als der Missionar ihn fragte, was die Inschrift bedeuten solle, gab der Vater zur Antwort: „Ich weiß, dass mir der Tod mein Kind nicht wegnehmen und auf ewig festhalten kann, sondern ich werde es bei Jesus wiedersehen. Der Tod hat ja seit Ostern keine Hände mehr!"

Katharina Luther war eine kluge und umsichtige Frau. Als Martin Luther gegen Ende seines Lebens viele Enttäuschungen zu verkraften hatte, bestellte Katharina einen Steinmetzmeister und gab ihm den Auftrag, an ihrem Haus in Wittenberg ein neues Portal einzusetzen. Auf den Schlussstein im Torbogen ließ sie das Wort einmeißeln: Vivit! Jeder, der durch das Tor ein und aus ging, sollte wissen: Jesus lebt. Diese Worte galten aber auch dem Hausherrn selbst in den Stunden seiner Zweifel und Sorgen. Die Gewissheit der Gegenwart des Auferstandenen schenkte ihm gerade in dunklen Stunden neue Kraft.

Jesus sagt: Ich lebe und ihr sollt auch leben!
JOHANNES 14,19

Der Schmuggler

Jeden Tag ging Nasrodin mit seinem Esel über die Grenze, die Lastkörbe hoch mit Stroh beladen. Da er zugab, ein Schmuggler zu sein, durchsuchten ihn die Grenzwachen immer wieder. Sie machten Leibesvisitationen, siebten das Stroh durch, tauchten es in Wasser und verbrannten es sogar von Zeit zu Zeit.

Nasrodin wurde unterdes sichtlich wohlhabender, setzte sich schließlich zur Ruhe und zog in ein anderes Land. Dort traf ihn Jahre später einer der Zollbeamten. „Jetzt könnt ihr es mir ja verraten, Nasrodin", sagte er. „Was habt ihr damals eigentlich geschmuggelt, als wir euch nie etwas nachweisen konnten?"

Verschmitzt antwortete Nasrodin: „Esel!"

Der Vorteil der Klugheit besteht darin,
dass man sich dumm stellen kann.
Das Gegenteil ist schon schwieriger.
  KURT TUCHOLSKY

Seid klug wie die Schlangen
und ohne Falsch wie die Tauben.
MATTHÄUS 10,16b

Das Glas mit den Steinen

Ein Philosophieprofessor stand vor seinen Studenten und hatte ein paar Dinge vor sich liegen. Als der Unterricht begann, nahm er ein großes leeres Gurkenglas und füllte es bis zum Rand mit großen Steinen. Anschließend fragte er seine Studenten, ob das Glas voll sei? Sie stimmten ihm zu.

Der Professor nahm eine Schachtel mit Kieselsteinen, füllte sie auch in das Glas und schüttelte es leicht. Die Kieselsteine rollten in die Zwischenräume der größeren Steine. Dann fragte er seine Stunden erneut, ob das Glas jetzt voll sei. Sie stimmten wieder zu und lachten. Der Professor nahm eine Schachtel mit Sand und schüttete ihn in das Glas. Der Sand füllte die letzten Zwischenräume im Glas aus.

„Nun", sagte der Professor zu seinen Studenten, „ich möchte, dass Sie erkennen, dass dieses Glas wie Ihr Leben ist. Die Steine sind die wichtigen Dinge im Leben. Ihre Familie, Ihr Partner, Ihre Gesundheit, Ihre Kinder: Dinge, die – wenn alles andere wegfiele und nur sie übrig blieben – Ihr Leben immer noch erfüllen würden. Die Kieselsteine sind andere, auch wichtige Dinge, wie Ihre Arbeit, Ihre Wohnung, Ihr Haus oder Ihr Auto. Der Sand symbolisiert die kleinen Dinge im Leben. Wenn Sie den Sand zuerst in das Glas füllen, bleibt kein Raum für die Kieselsteine oder die großen Steine."

„So ist es auch in Ihrem Leben: Wenn Sie alle Ihre Energie für die kleinen Dinge in Ihrem Leben aufwenden, haben Sie für die großen keine mehr. Achten Sie daher auf die wichtigen Dinge, nehmen Sie sich Zeit für Ihre Kinder oder Ihren Partner, nehmen Sie sich Zeit, über den Sinn Ihres Lebens nachzudenken und achten Sie auf ihre Gesundheit. Es wird noch genug Zeit geben für Arbeit, Haushalt, Partys und so weiter. Achten Sie zuerst auf die großen Steine – sie sind es, die wirklich zählen. Der Rest ist nur Sand."

Nach dem Unterricht nahm einer der Studenten das Glas mit den großen Steinen, den Kieseln und dem Sand – bei dem mittlerweile sogar der Professor zustimmte, dass es voll war – und schüttete ein Glas Wasser hinein. Das Wasser füllte den noch verbliebenen Raum im Glas aus; dann war es wirklich voll.

Wer sich Zeit nimmt, über Sinnfragen nachzudenken, verliert keine Zeit, sondern gewinnt freie Stunden dazu. Die Reflexion hilft, das Wichtige von Unwichtigem zu trennen; Prioritäten zu setzen; sinnlose Tätigkeiten, die viel Zeit kosten, aber wenig Befriedigung bringen, zu erkennen und zu vermeiden. Sie hilft, nein zu sagen zu Zeiträubern und Saboteuren des Lebensglücks und der Zufriedenheit.
LOTHAR SEIWERT[12]

Jesus und seine Jünger kamen in ein Dorf. Eine Frau namens Martha nahm ihn freundlich auf. Sie hatte eine Schwester, die Maria hieß. Maria setzte sich dem Herrn zu Füßen und hörte seinen Worten zu. Martha aber war ganz davon in Anspruch genommen, für ihn zu sorgen. Sie kam zu ihm und sagte: „Herr, kümmert es dich nicht, dass meine Schwester die ganze Arbeit mir allein überlässt? Sag ihr doch, sie soll mir helfen." Der Herr antwortete: „Martha, Martha, du machst dir viele Sorgen und Mühen. Aber nur eines ist notwendig. Maria hat das bessere Teil gewählt, das soll ihr nicht genommen werden."
LUKAS 10,38–42

Wem soll man glauben?

„Kannst du mir für heute Nachmittag deinen Esel leihen?",
fragte ein Bauer den Mullah. „Lieber Freund", sagte da der Mullah, „du weißt, dass meine Hilfsbereitschaft dir immer zur Seite
stehen wird, wenn du sie brauchst. Mein Herz lechzt danach,
dir als rechtgläubigem Menschen meinen Esel zu geben. Es er-
freut mein Auge, dich mit meinem Esel die Früchte des Feldes
heimtragen zu sehen. Aber, was soll ich dir sagen, mein inniger
Freund, meinen Esel hat zurzeit ein anderer."

Bewegt von der Herzlichkeit des Mullahs, dankte der Bauer
ihm. „Auch wenn du mir nicht helfen konntest, haben doch deine gütigen Reden mir sehr geholfen. Gott sei mit dir, erhabener,
gütiger und weiser Mullah."

Als der Bauer in seiner tiefen Verneigung verharrte, erscholl
aus dem Eselstall ein markerschütterndes I-A. Der Bauer stutzte,
schaute erstaunt auf und fragte schließlich misstrauisch: „Was
muss ich da hören? Dein Esel ist doch da. Ich hörte seine esel-
hafte Stimme."

Der Mullah lief rot an vor Zorn und schrie: „Du undankbarer
Mensch. Ich habe dir gesagt, der Esel ist nicht da. Wem glaubst
du mehr, mir, dem Mullah, oder dem dummen Geschrei des
noch dümmeren Esels?"[13]

*Wenn die Wahrheit bei irgendjemandem auf Erden zu finden ist, dann
ganz bestimmt nicht bei den Leuten, die behaupten, sie zu besitzen.*
ALBERT CAMUS

> Ein verkehrtes Herz findet nichts Gutes;
> und wer falscher Zunge ist, wird in Unglück fallen.
> SPRÜCHE 17,20

Drei Arbeiter, drei Antworten

Drei Bauarbeiter waren dabei, Steine zu behauen, als ein Fremder zu ihnen trat und den ersten Arbeiter fragte: „Was tun Sie da?" – „Sehen Sie das denn nicht?", meinte der und schaute nicht einmal auf. „Ich behaue Steine."

„Und was tun Sie da?", fragte der Fremde den Zweiten. Seufzend antwortete der: „Ich muss Geld verdienen, um meine Familie ernähren zu können. Ich habe eine große Familie."

Der Fremde fragte auch einen Dritten: „Was tun Sie da?" Dieser richtete sich auf, wies mit der Hand in den Himmel und antwortete leise und stolz: „Ich baue mit an einem Dom!"

PARABEL

Wenn du ein Schiff bauen willst, so trommle nicht Leute zusammen, um Holz zu beschaffen, Werkzeuge vorzubereiten, Aufgaben zu vergeben und die Arbeit einzuteilen, sondern wecke in ihnen die Sehnsucht nach dem weiten, endlosen Meer.

ANTOINE DE SAINT-EXUPÉRY

Die Elenden und Armen suchen Wasser und es ist nichts da. Ihre Zunge verdorrt vor Durst. Aber ich, der Herr, will sie erhören. Ich, der Gott Israels, will sie nicht verlassen. Ich will Wasserbäche auf den Höhen öffnen und Quellen mitten auf den Feldern und will die Wüste zu Wasserstellen machen und das dürre Land zu Wasserquellen.

JESAJA 41,17 f.

Die Stimme aus dem Himmel

Einen tiefen Eindruck machte mir ein Erlebnis aus meinem siebenten oder achten Lebensjahr.

Heinrich Bräsch und ich hatten uns Schleudern aus Gummischnüren gemacht, mit denen man kleine Steine schleuderte. Es war im Frühjahr, in der Passionszeit. An einem Sonntagmorgen sagte er zu mir: „Komm, jetzt gehen wir in den Rehberg und schießen Vögel."

Dieser Vorschlag war mir schrecklich, aber ich wagte nicht zu widersprechen, aus Angst, er könnte mich auslachen.

So kamen wir in die Nähe eines kahlen Baumes, auf dem die Vögel, ohne sich vor uns zu fürchten, lieblich in den Morgen hinaus sangen. Sich wie ein jagender Indianer duckend, legte mein Begleiter einen Kiesel in das Leder seiner Schleuder und spannte dieselbe. Seinem gebieterischen Blick gehorchend, tat ich unter furchtbaren Gewissensbissen dasselbe, mir fest gelobend, daneben zu schießen.

In demselben Augenblick fingen die Kirchenglocken an, in den Sonnenschein und in den Gesang der Vögel hineinzuläuten. Es war das „Zeichenläuten", das dem Hauptläuten eine halbe Stunde voranging. Für mich war es eine Stimme aus dem Himmel. Ich tat die Schleuder weg, scheuchte die Vögel auf, dass sie wegflogen und vor der Schleuder meines Begleiters sicher waren und floh nach Hause.

ALBERT SCHWEITZER

Herr, ich werfe meine Freude wie Vögel an den Himmel.
Die Nacht ist verflattert, und ich freue mich am Licht.
Deine Sonne hat den Tau weggebrannt
vom Gras und von unseren Herzen.
Was aus uns kommt und was in uns ist an diesem
Morgen –
alles ist Dank.

Herr, ich bin fröhlich, heute am Morgen.
Die Vögel und die Engel jubilieren, und ich singe auch.
Das All und unsere Herzen sind offen für deine Gnade.
Ich fühle meinen Körper und danke.
Die Sonne brennt meine Haut, ich danke.
Das Meer rollt gegen den Strand, ich danke.
Die Gischt klatscht gegen unser Haus, ich danke.

Herr, ich freue mich an der Schöpfung,
und dass du dahinter bist
und daneben und davor und darüber und in uns.
Ich werfe meine Freude wie Vögel an den Himmel.
Ein neuer Tag,
der glitzert und knistert, knallt und jubiliert
von deiner Liebe.
Jeden Tag machst Du. Halleluja, Herr!
   FRITZ PAWELZIK

Und Gott der Herr nahm den Menschen
und setzte ihn in den Garten Eden,
dass er ihn bebaute und bewahrte.
1. MOSE 2,15

Der Adler

Ein Mann ging in einen Wald, um nach einem Vogel zu suchen, den er mit nach Hause nehmen konnte. Er fing einen jungen Adler, brachte ihn heim und steckte ihn in den Hühnerhof zu den Hennen, Enten und Truthühnern. Und er gab ihm Hühnerfutter zu fressen, obwohl er ein Adler war – der König der Vögel. Nach fünf Jahren erhielt der Mann den Besuch eines naturkundigen Mannes. Und als sie miteinander durch den Garten gingen, sagte der: „Dieser Vogel dort ist kein Huhn, er ist ein Adler." „Ja", sagte der Mann, „das stimmt." „Aber ich habe ihn zu einem Huhn erzogen. Er ist jetzt kein Adler mehr, sondern ein Huhn, auch wenn seine Flügel drei Meter breit sind."

„Nein", sagte der andere, „er ist noch immer ein Adler, denn er hat das Herz eines Adlers und das wird ihn hoch hinauffliegen lassen in die Lüfte."

„Nein, nein", sagte der Mann. „Er ist jetzt ein richtiges Huhn und wird niemals fliegen."

Darauf beschlossen sie, eine Probe zu machen. Der naturkundige Mann nahm den Adler, hob ihn in die Höhe und sagte beschwörend: „Der du ein Adler bist, der du dem Himmel gehörst und nicht dieser Erde: Breite deine Schwingen aus und fliege!"

Der Adler saß auf der hoch gereckten Faust und blickte um sich. Hinter sich sah er die Hühner nach ihren Körnern picken, und er sprang zu ihnen hinunter. Der Mann sagte: „Ich habe dir gesagt, es ist ein Huhn!" „Nein", sagte der andere, „es ist ein Adler. Versuche es morgen noch einmal."

Am anderen Tag stieg er mit dem Adler auf das Dach des Hauses, hob ihn empor und sagte: „Adler, breite deine Schwingen aus und fliege!" Aber als der Adler erneut die Hühner im Hof erblickte, sprang er abermals zu ihnen hinunter und scharrte mit ihnen. Da sagte der Mann wieder: „Ich habe dir gesagt, es ist ein Huhn."

„Nein", sagte der andere. „Er ist ein Adler und hat das Herz eines Adlers. Lass es uns noch ein einziges Mal versuchen."

Am nächsten Morgen erhob er sich früh, nahm den Adler und brachte ihn hinaus aus der Stadt, weit weg von den Häusern, an den Fuß eines hohen Berges. Die Sonne stieg gerade auf, sie vergoldete den Gipfel des Berges. Jede Zinne erstrahlte in der Freude eines wundervollen Morgens.

Er hob den Adler hoch und sagte zu ihm: „Adler, du bist ein Adler, breite deine Schwingen aus und fliege." Der Adler blickte umher, zitterte, als erfüllte ihn neues Leben – aber er flog nicht. Da ließ ihn der naturkundige Mann direkt in die Sonne schauen und plötzlich breitete er seine gewaltigen Flügel aus, erhob sich mit dem Schrei eines Adlers, flog höher und höher und kehrte nie wieder zurück.

FABEL AUS CHINA

Lass dich durch das, was du bist,
nicht darüber täuschen,
was du noch werden kannst.
UNBEKANNTE QUELLE

Die auf den Herren harren, kriegen neue Kraft,
dass sie auffahren mit Flügeln wie Adler.
Dass sie laufen, und nicht matt werden,
dass sie wandeln, und nicht müde werden.
JESAJA 40,31

Macht hoch die Tür

„Macht hoch die Tür, die Tor macht weit; es kommt der Herr der Herrlichkeit" – für die Einweihung der neuen Kirche im Königsberger Stadtteil Altroßgarten schrieb Georg Weissel dieses Lied. Am zweiten Advent 1623 öffneten sich die Türen der Kirche und die Gemeinde zog unter den Klängen dieses Liedes ein. Alle freuten sich im Stadtteil Altrossgarten, nun ein eigenes Gotteshaus zu haben. Vor allem die Bewohner im nahe gelegenen Armen- und Pflegehaus. Denn für sie war der Weg zum Dom bisher zu weit gewesen.

Nur einer hatte etwas auszusetzen: Der Fisch- und Getreidehändler Sturgis, der es mit kaufmännischem Geschick und zähem Fleiß zu einigem Wohlstand gebracht hatte. Kurz zuvor hatte er ein Haus am Roßgärter Markt gekauft, nicht weit entfernt vom Armen- und Pflegeheim. Dicht bei seinem Gartenzaun verlief der schmale Fußweg, den die Leute aus dem Heim benutzten, wenn sie in die Stadt gehen oder am Sonntag den Gottesdienst besuchen wollten.

Der reiche Kaufmann ärgerte sich über den Anblick der armseligen Gestalten. Kurzerhand kaufte er die Wiese, über die der Weg führte. Er machte daraus einen Gartenpark mit einem hohen Zaun darum. In Richtung des Heims baute er ein prächtiges Tor und verriegelte es. Nur in Richtung Stadt ließ er eine kleine Pforte für sich selbst.

Den „Armenhäuslern" war nun der Weg versperrt. Der Umweg zur Kirche und zur Stadt war für die meisten von ihnen zu weit. Sie baten ihren Pastor Georg Weissel um Hilfe.

Als die nächste Adventszeit kam, kam auch wieder die Zeit des Kurrendesingens. Der Chor der Altroßgärter Gemeinde hatte schon beschlossen, in diesem Jahr das Adventssingen in Sturgis Haus ausfallen zu lassen. Aber Georg Weissel hatte einen anderen Plan. Der Chor traf sich beim Armen- und Pflegehaus und zog von dort zu Sturgis Haus. Weissel begleitete die Sänger. Hinterher zogen die behinderten alten Menschen an Stöcken und Krücken.

Als sie bei Sturgis verriegeltem Gartentor ankamen, schaute der reiche Fisch- und Getreidehändler verdutzt aus dem Fenster. Wollte der Chor im Freien singen und diesmal nicht in sein Haus kommen? Sturgis ging nach draußen und kam von innen auf das Gartentor zu. Weissel hielt vor dem Tor eine kleine Ansprache. Er sprach vom König aller Könige, der auch heute vor verschlossenen Herzenstüren wartet und Einlass begehrt und dabei wandte er sich um und zeigte auf die Schar der alten und kranken Menschen. In diesem Augenblick begann der Chor zu singen: „Macht hoch die Tür, die Tor macht weit, es kommt der Herr der Herrlichkeit!" Bei der zweiten Strophe griff Sturgis in seine Tasche und holte den Schlüssel hervor, um die schweren Eisentorflügel zu öffnen. Als das Lied zu Ende war, bat Sturgis alle in sein Haus und bewirtete sie. Fortan blieben Tor und Tür offen – für alle. Die Königsberger nannten den kleinen Weg seitdem ihren „Adventsweg".

O wohl dem Land, o wohl der Stadt,
so diesen König bei sich hat.
   GEORG WEISSEL
   IN: MACHT HOCH DIE TÜR, DIE TOR MACHT WEIT

> Siehe, dein König kommt zu dir,
> ein Gerechter und ein Helfer.
> SACHARJA 9,9b

Das etwas andere Krippenspiel

Zu der Christvesper, in der die Weihnachtsgeschichte aufgeführt wurde, versammelten sich in der Kirche wieder Alt und Jung. Alle waren gespannt, wie die Kinder in diesem Jahr die vertraute Geschichte spielen würden. Schließlich kam der Höhepunkt: Josef trat auf mit seiner Verlobten Maria. Behutsam führte er sie vor die Herberge. Josef pochte laut an die Haustür, die in die gemalte Kulisse eingesetzt war. Walter, der den Wirt spielte, stand dahinter und wartete. „Was wollt ihr?", fragte er barsch und stieß die Tür heftig auf.

„Wir suchen Unterkunft." „Sucht sie anderswo!" Walter blickte starr geradeaus, sprach aber mit kräftiger Stimme. „Alle Zimmer sind besetzt."

„Wir haben überall vergeblich nachgefragt. Wir kommen von weither und sind erschöpft."

„Aber in dieser Herberge gibt es für euch keinen Platz." Walter blickte streng.

„Bitte, bitte, lieber Wirt. Das hier ist meine Frau Maria. Sie erwartet ein Kind und braucht einen Platz zum Ausruhen. Ihr habt doch sicher ein Eckchen für sie. Sie ist so müde."

Jetzt lockerte der kleine Wirt zum ersten Mal seine starre Haltung und schaute auf Maria. Dann folgte eine Pause. So lange, dass es für die Zuhörer schon ein bisschen peinlich wurde. „Nein, schert euch fort", flüsterte der Souffleur aus der Kulisse. „Nein", wiederholte Walter automatisch. „Schert euch fort."

Traurig legte Josef den Arm um Maria, und Maria lehnte den Kopf an die Schulter ihres Mannes. So wollten sie ihren Weg fortsetzen. Aber der Wirt ging nicht wieder in seine Herberge zurück. Walter blieb auf der Stelle stehen und blickte dem verlassenen Paar nach – mit offenem Mund, die Stirn sorgenvoll gefurcht – man sah deutlich, dass ihm Tränen in die Augen traten.

Plötzlich wurde dieses Krippenspiel ganz anders als alle bisherigen. „Bleib hier, Josef", rief Walter. „Bring Maria wieder her." Sein Gesicht auf der Bühne verzog sich zu einem breiten Lächeln. „Ihr könnt mein Zimmer haben."

LINA DONOHUE[14]

Der Mensch war Gottes Bild.
Weil dieses Bild verloren,
wird Gott, ein Menschenbild,
in dieser Nacht geboren.

ANDREAS GRYPHIUS

Und sie gebar ihren ersten Sohn
und wickelte ihn in Windeln
und legte ihn in eine Krippe;
denn sie hatten sonst keinen Raum in der Herberge.

LUKAS 2,7

Die Sonne und die Wolke

Die Sonne zog am Himmel hin, heiter und stolz auf ihrem Feuerwagen. Voller Freude streute sie ihre goldenen Strahlen nach allen Seiten – zum großen Ärger einer grauen, schlecht gelaunten Wolke, die murrte: „Verschwenderin, Vergeuderin. Wirf deine goldenen Strahlen nur weg, wirf sie nur weg. Du wirst schon sehen, was du am Schluss übrig behältst."

Jede kleine Traube, die im Weinberg auf ihrem Rebstock reifte, holte sich in der Minute einen goldenen Sonnenstrahl. Ja, sogar zwei, und da waren kein Grashalm, keine Spinne, keine Blume, kein Wassertropfen, die sich nicht ihren Teil Sonne genommen hätten. „Lass dich nur von allen ausrauben. Du wirst schon sehen, wie sie dir dafür danken. Später, wenn du nichts mehr hast", brummte die Wolke. Die Sonne aber setzte fröhlich ihre Reise fort und verschenkte großmütig ihre Strahlen nach rechts und links, Millionen, Milliarden goldener Strahlen. Erst als die Dämmerung abends heraufkam, zählte sie die Strahlen, die ihr geblieben waren: Es fehlte ihr nicht einer, keiner, nicht ein einziger. Die graue Wolke aber, von Staunen und Zorn übermannt, platzte in lauter eisige Hagelkörner auseinander. Die Sonne aber tauchte fröhlich ins Meer.

GIANNI RODARI

Da jedes Leben zwangsläufig seinem Ende zugeht, sollten wir unser Leben, so lange es dauert, mit unseren Farben der Liebe und Hoffnung ausmalen. In der Liebe findet sich die gesellschaftliche Logik des Lebens und das Wesentliche jeder Religion.

MARC CHAGALL

Wer kärglich sät, der wird auch kärglich ernten; und wer reichen Segen sät, der wird auch reichen Segen ernten.

2. KORINTHERBRIEF 9,6

Glück oder Unglück

Ein armer Bauer hatte sehr mageres Land zu beackern und nur einen Sohn, der ihm half, und nur ein Pferd zum Pflügen. Eines Tages lief ihm das Pferd davon. Alle Nachbarn kamen und bedauerten den Bauern wegen des Unglücks. „Woher wisst ihr, dass es ein Unglück ist?", fragte der Bauer ruhig.

In der nächsten Woche kam das Pferd zurück und brachte zehn Wildpferde mit. Die Nachbarn kamen alle und gratulierten dem Bauern zu seinem Glück. „Woher wisst ihr, dass es Glück ist?", fragte der Bauer.

Eine Woche später ritt sein Sohn auf einem der wilden Pferde, fiel herunter und brach sich ein Bein. Nun war der Vater ohne Hilfe. Die Nachbarn kamen wieder und bedauerten das Unglück. Aber der Bauer fragte ruhig: „Woher wisst ihr, dass es Unglück ist?"

In der folgenden Woche brach ein Krieg aus. Soldaten kamen ins Tal, um junge Männer mitzunehmen. Den Bauernsohn ließen sie da, weil er das gebrochene Bein hatte.

ALTE PARABEL

Menschen, die aus der Hoffnung leben, sehen weiter.
Menschen, die aus der Liebe leben, sehen tiefer.
Menschen, die aus dem Glauben leben,
sehen alles in einem anderen Licht.

LOTHAR ZENETTI

Wir wissen aber, dass denen, die Gott lieben,
alle Dinge zum Besten dienen.

RÖMERBRIEF 8,28

Die drei Mönche auf der Insel

Drei russische Mönche lebten auf einer fernen einsamen Insel. Niemand hatte sie bisher dort besucht. Sie standen aber in dem Ruf, besonders fromm zu sein. Der Bischof wollte sich davon überzeugen und besuchte die Drei.

Die Mönche begrüßten ihn freundlich. Nachdem sie eine Zeit lang miteinander gesprochen hatten, wollte der Bischof mit ihnen das Vater unser beten. Die Drei schauten ihn ratlos an und sagten: „Was ist das?" Der Bischof fällt aus allen Wolken. „Was, ihr kennt das Vater unser nicht, unglaublich!" „Wie betet ihr denn?" Da senkten die Mönche die Köpfe, falteten die Hände und sprachen: „Lieber Gott – wir sind Drei – du bist Drei – erbarme dich unser." Da sagte der Bischof: „Das allein reicht aber nicht. Ihr müsst wenigstens noch das Vater unser sprechen können." So lehrte er sie mit aller Geduld das Vater unser. Zufrieden mit seinem Erfolg reiste er danach wieder ab.

Das Schiff hatte noch nicht lange von der Insel abgelegt, da sah der Bischof erstaunt, wie die drei Mönche über das Wasser hinter dem Schiff herliefen. Sie riefen laut: „Heiliger Vater, wir haben das Gebet vergessen, das du uns gelehrt hast. Wie ging es noch weiter nach dem Satz, und vergib uns unsere Schuld?"

Der Bischof war ganz überwältigt von ihrer großen Glaubenskraft und sagte ergriffen: „Betet nur weiter, wie ihr es gewohnt seid." Mit einem Segenswunsch sandte er sie auf ihre Insel zurück.

Ich will euch von einem Wunder meines Rebbe erzählen: „Wir waren mit dem Zug unterwegs. Bald würde Schabbes beginnen! Was geschieht? Die Lok geht kaputt. Als sie endlich wieder fährt, ist Schabbes! Ihr könnt euch die Aufregung vorstellen! Doch was macht der Rebbe? Er breitet die Arme aus und betet! Und was war? Rechts war Schabbes, links war Schabbes und in der Mitte fuhr der Zug!"

JÜDISCHE ANEKDOTE

Wahrlich, ich sage euch: Wenn ihr Glauben habt wie ein Senfkorn, so könnt ihr zu diesem Berge sagen: Rück von hier fort, dort hin! Dann wird er fortrücken; und euch wird nichts unmöglich sein.

MATTHÄUS 17,20

Die Einladung

Es war eines Tages im Frühling, als eine Frau vor ihrem Haus drei alte Männer stehen sah. Sie hatten lange weiße Bärte und sahen aus, als wären sie schon weit herumgekommen. Obwohl sie die Männer nicht kannte, folgte sie ihrem Impuls, sie zu fragen, ob sie vielleicht hungrig seien und mit hineinkommen wollten.

Da antworte der eine von ihnen: „Sie sind sehr freundlich, aber es kann nur einer von uns mit Ihnen gehen. Sein Name ist Reichtum." Er deutete dabei auf den Alten, der rechts von ihm stand. Dann wies er auf den, der links von ihm stand und sagte: „Sein Name ist Erfolg und mein Name ist Liebe. Ihr müsst euch überlegen, wen von uns ihr ins Haus bitten wollt."

Die Frau ging ins Haus zurück und erzählte ihrem Mann, was sie gerade draußen erlebt hatte. Ihr Mann war hocherfreut und sagte: „ Toll, lass uns doch Reichtum einladen." Seine Frau aber widersprach. „Nein, ich denke, wir sollten lieber Erfolg einladen."

Die Tochter aber sagte: „Wäre es nicht schöner, wir würden Liebe einladen?" „Sie hat recht", sagte der Mann. „Gehe raus und lade Liebe als unseren Gast ein."

Und auch die Frau nickte und ging zu den Männern. Draußen sprach sie: „Wer von euch ist Liebe? Bitte kommen Sie rein und seien Sie unser Gast."

Liebe machte sich auf und ihm folgten die beiden anderen. Überrascht fragte die Frau: „Reichtum und Erfolg? Ich habe nur Liebe eingeladen. Warum wollt ihr nun auch mitkommen?"

Die alten Männer antworteten im Chor: „Wenn Sie Reichtum oder Erfolg eingeladen hätten, wären die beiden anderen draußen geblieben. Da Sie aber Liebe eingeladen haben, gehen die anderen dorthin, wohin die Liebe geht."

ÜBERLIEFERT

Ich bat um Reichtum, um glücklich zu werden.
Ich erhielt ihn nicht und wurde weise.
Ich bat um Kraft, etwas zu leisten.
Ich erhielt sie nicht und lernte, Gottes Hilfe zu suchen.
Ich erbat alles, um mich des Lebens zu freuen.
Ich erhielt das Leben, um mich an allem zu freuen.
Ich bekam wenig von dem, was ich erbat
und doch alles, was ich erhofft hatte.

AUTOR UNBEKANNT

Nun aber bleiben Glaube, Hoffnung, Liebe, diese drei;
aber die Liebe ist die größte unter ihnen.

1. KORINTHERBRIEF 13,13

Ein hervorragender Schneider

Ein Mann geht zum Schneider und lässt sich einen Maßanzug anfertigen. Als er zur Probe kommt, stellt sich heraus, dass der rechte Ärmel zu lang ist. Der Schneider will nicht zugeben, dass er etwas verpfuscht hat und sagt zum Kunden: „Sie müssen den Arm ein wenig hochheben, schräg abwinkeln und das Handgelenk nach unten drehen." Der Mann tut es, blickt in den Spiegel und sieht, dass der Ärmel jetzt tatsächlich tadellos sitzt. Aber ganz zufrieden ist er immer noch nicht. „Was ist mit dem linken Hosenbein?", fragt er den Schneider. „Das schlottert herum, als würde es Angst vor mir haben."

„Das schlottert gar nicht", sagt der Schneider. „Sie müssen nur den Fuß richtig halten. Sehen Sie, so: Die Zehen um neunzig Grad nach links und das Knie nach innen stemmen!" Der Mann folgt den Anweisungen und siehe da, die Hose schlottert nicht mehr. Aber ganz zufrieden ist er trotz allem noch nicht. Als er sich mit Hilfe eines zweiten Spiegels von hinten sieht, erschrickt er über den Anblick, den sein Rücken bietet. „Kein Problem", sagt der Schneider: „Es passt wunderbar, wenn Sie die richtige Haltung einnehmen: Die Schulter hochziehen, den Kopf nach vorn und das Kinn an die Brust!"

Der Mann tut es und der Anzug passt wie angegossen. Als er nun den Laden des Schneiders verlässt und mit dem neuen Anzug über die Straße geht, kommen zwei Frauen daher, die ihn neugierig mustern. „Findest du es nicht auch rührend, wie tapfer diese Leute sind und sich trotz ihrer Behinderung bemühen, ein normales Leben zu führen?", sagte die eine.

„Ja", sagte die andere. „Aber das Eine muss man ihm lassen: „Er hat einen hervorragenden Schneider!"[15]

Wer bin ich? Sie sagen mir oft,
ich träte aus meiner Zelle
gelassen und heiter und fest
wie ein Gutsherr aus seinem Schloss.

Wer bin ich? Sie sagen mir oft,
ich spräche mit meinen Bewachern
frei und freundlich und klar,
als hätte ich zu gebieten.

Wer bin ich? Sie sagen mir auch,
ich trüge die Tage des Unglücks
gleichmütig, lächelnd und stolz,
wie einer, der Siegen gewohnt ist.

Bin ich das wirklich, was andere von mir sagen?
Oder bin ich nur das, was ich selbst von mir weiß?
Unruhig, sehnsüchtig, krank, wie ein Vogel im Käfig,
ringend nach Lebensatem, als würgte mir einer die Kehle ...

Wer bin ich? Der oder jener?
Bin ich denn heute dieser und morgen ein andrer?
Bin ich beides zugleich? ...

Wer bin ich? Einsames Fragen treibt mit mir Spott.
Wer ich auch bin, Du kennst mich, Dein bin ich, o Gott!
DIETRICH BONHOEFFER

Freuet euch,
dass eure Namen im Himmel geschrieben sind.
LUKAS 10,20

Gottes Erkenntnis

Ein berühmter Theologe ist gestorben. Sein Spezialgebiet war die Dogmatik. Als er an der Himmelstür ankommt, muss er sich nicht wie alle anderen Verstorbenen in der Warteschlange anstellen, sondern wird von Petrus durch einen Nebeneingang sogleich in den himmlischen Thronsaal geleitet.

Die diensthabenden Engel wundern sich über diese unübliche Sonderbehandlung und fragen Petrus, was das zu bedeuten habe.

Der Himmelspförtner zuckt mit den Schultern: „Order vom Chef. Mehr weiß ich auch nicht."

Als Petrus wieder zurückkommt, fragen ihn die Engel: „Sag schon, was ist mit dem los? Der hat wahrscheinlich ganz schön was ausgefressen, wenn er auf der Stelle zum Rapport muss."

„Wie man es nimmt", erwidert Petrus. „Als wir im himmlischen Thronsaal ankamen, hat ihn der Chef mit den Worten begrüßt: „Es freut mich, endlich jenen Mann von Angesicht zu Angesicht sehen zu können, der so viele Dinge über mich herausgefunden hat, die nicht einmal ich selber weiß."[16]

Gott möge von seiner Heiterkeit ein Quentchen
In uns hineinpflanzen
Auf dass sie bei uns wachse, blühe und gedeihe
Und wir unseren Alltag leichter bestehen
Dass er uns bewahre vor jedem Hochmut und jeder Bitterkeit
Und dass er uns fähig mache
Weiterhin zu glauben an seine Welt
Die nicht von unserer Welt ist
Und dass wir nicht ersticken an allem Tand und eitlem Tun
Darum bitten wir ihn von ganzem Herzen.

HANNS DIETER HÜSCH[17]

Jesus sprach: Das höchste Gebot ist das:
„Höre Israel, der Herr unser Gott ist der Herr allein
und du sollst den Herrn, deinen Gott
lieben von ganzem Herzen, von ganzer Seele,
von ganzem Gemüt und von allen deinen Kräften."
Das andre ist dies:
„Du sollst deinen Nächsten lieben wie dich selbst."
Es ist kein anderes Gebot größer als diese.

MARKUS 12,29–31

Was wäre wenn?

Ich besuchte eine alte Dame, und wir sprachen lange und intensiv miteinander. Dann fragte ich sie, was sie ändern würde, wenn sie ihr Leben noch einmal leben könnte und ob sie etwas bereue?

Sie war im Begriff, mir zu antworten. Dann stand sie jedoch plötzlich auf und ging in ihr Arbeitszimmer. Eine Minute später kam sie zurück und brachte mir ein Blatt Papier. „Hier steht die Antwort auf Ihre Frage", sagte sie lächelnd. „In diesem Brief einer 85-jährigen Frau."

Im letzten Absatz des Briefes las ich: „... und wenn ich mein Leben noch einmal leben dürfte, dann würde ich mehr Fehler und mehr Wagnis riskieren. Ich würde mehr auf Berge klettern und mehr in Flüssen schwimmen. Ich würde weniger Bohnen und mehr Eis essen. Wenn ich mein Leben noch einmal leben könnte, würde ich bestimmt mehr Gänseblümchen pflücken."

ELISABETH KÜBLER-ROSS[18]

Einen Baum pflanzen,
ein Brett hobeln,
aus groben Steinen eine Stützmauer bauen,
im Gras liegen und die Wolken betrachten.
Lieben.
Für eine gute Sache kämpfen,
für einen Menschen sich einsetzen.
Einen Käfer vor dem Ertrinken bewahren,
einen Baum zeichnen,
ein Schneefeld hinabrutschen.
Drachensegeln.
Pellkartoffeln mit Quark und Zwiebeln essen,
im Mai sich vollregnen lassen.
Schweigen, ohne einsam zu sein.
Bei grellem Sonnenlicht in grünen Schatten blicken,
mit einem alten Landwirt über Wachstum sprechen.
Eine ehrliche Arbeit beenden,
müde in den Schlaf sinken.
Neuen Most aus einem Steinkrug trinken.
Die feuchte Luft im Wald
nach einem Sommerregen.
Atmen.

PETER BLOCH

Jesus sagt: Ich bin gekommen,
damit sie das Leben haben und es in Fülle haben.

JOHANNES 10,10

Eheringe

Der Diakon Quint hatte erfahren, dass in Mooskirchen eine Frau aus Nürnberg ihren Ehering aus Not für eine Tasche voll Kartoffeln eingetauscht hatte, und er mahnte von der Kanzel den Empfänger, den Ring zurückzugeben, das heißt, ihn ungesehen in den Opferstock zu legen.

Er rührte an die verschwarteten Herzen und sprach vom Sakrament der Ehe.

Es ist noch zu erwähnen, dass nach jener Mahnpredigt des Diakons Quint im Laufe der folgenden Tage und Wochen fünf Eheringe im Opferstock lagen, woraufhin der Diakon in seiner Sonntagspredigt das Gleichnis von den fünf Eheringen erzählte, das in keiner Bibel zu finden ist.

CHRISTINE BRÜCKNER

Alle Umkehr und Erneuerung muss bei mir selbst anfangen.
DIETRICH BONHOEFFER

Ich will ihnen ein anderes Herz und einen neuen Geist geben.
HESEKIEL 11,19

Der alte Mann und die Berge

Vor langer Zeit lebte in Nordchina ein alter Mann. Sein Haus zeigte nach Süden, aber dennoch bekam es wenig Sonne. Denn vor der Haustür des alten Mannes ragten die beiden großen Gipfel des Taihung und des Wangwu empor. Sie versperrten ihm die Sicht nach Süden, zur Sonne. Da rief der alte Mann seine beiden Söhne zu sich: „Kommt, lasst uns versuchen, die Berge mit der Hacke abzutragen."

Als der Nachbar des alten Mannes die Drei Tag um Tag bei ihrer Arbeit sah, schüttelte er den Kopf. „Ihr seid verrückt", rief er herüber, „es ist doch vollkommen unmöglich, dass ihr diese gewaltigen Berge abtragen könnt. Ihr werdet euer Lebtag damit nicht fertig!"

Der alte Mann schaute zu ihm hinüber und lächelte weise. Dann sagte er ruhig: „Wenn ich einmal sterbe, dann werden meine Söhne weitermachen. Und wenn meine Söhne sterben, werden die Enkel weitermachen. Die Berge sind zwar hoch, aber sie wachsen nicht weiter. Unsere Kräfte jedoch können wachsen. Mit jedem Stückchen Erde, das wir abtragen, kommen wir unserem Ziel näher. Es ist besser, etwas zu tun, als darüber zu klagen, dass uns die Berge die Sicht auf die Sonne nehmen." Und in unerschütterlicher Zuversicht grub der Alte mit seinen beiden Söhnen weiter. Das rührte Gott. Er schickte zwei seiner Boten auf die Erde, die die beiden Berge auf ihrem Rücken davontrugen.

ÜBERLIEFERT

Wir können wohl das Glück entbehren, aber nicht die Hoffnung.
THEODOR STORM

Mit meinem Gott kann ich über Mauern springen.
PSALM 18,30b

Ruhen

und

Bewegen

Lehre für Gestresste

Ein Forschungsreisender unternahm einmal einen Gewaltmarsch durch den Urwald am oberen Amazonas. Zunächst kam die Expedition unerwartet schnell voran. Am dritten Morgen aber blieben alle Einheimischen mit ernsten Mienen auf dem Boden sitzen und machten keine Anstalten, aufzubrechen. Erstaunt fragte der Forscher ihren Anführer, ob die Träger mehr Geld verlangten oder ob sie mit dem Essen nicht zufrieden seien? „Oh nein, mein Herr", antwortete der Sprecher, „wir können nicht weitergehen, weil unsere Seelen zurückgeblieben sind, und nun müssen wir warten, bis sie unsere Körper wieder eingeholt haben."

Wenn der Leib unaufhörlich
in Bewegung gehalten wird,
wird er müde.

Wenn der Geist unaufhörlich
in Bewegung gehalten wird,
wird er sorgenvoll.

Und Sorge verursacht Erschöpfung.

Das Wesen des Wassers ist,
dass es klar wird,
wenn man es in Ruhe lässt,
und still,
wenn man es nicht stört.

DSCHUANG DSI

Wenn ihr umkehrtet
und stille bliebet,
so würde euch geholfen;
durch Stillesein und
Hoffen würdet ihr stark
sein.

JESAJA 30,15

Im Hier und Jetzt

Ein ganz auf das innere Leben ausgerichteter Mönch wurde gefragt, warum er trotz seiner vielen Aufgaben immer so gesammelt sein könnte: „Wie gestaltest du denn dein Leben, dass du so bist wie du bist, so gelassen und in dir ruhend?" Der Mönch antwortete dem Fragenden: „Wenn ich stehe, dann stehe ich; wenn ich sitze, dann sitze ich; wenn ich esse, dann esse ich; wenn ich spreche, dann spreche ich; wenn ich schweige, dann schweige ich; wenn ich schaue, dann schaue ich; wenn ich höre, dann höre ich; wenn ich lese, dann lese ich; wenn ich arbeite, dann arbeite ich; wenn ich bete, dann bete ich …"

Da fiel ihm der Fragesteller ins Wort: „Das tun wir doch auch. Aber was machst du noch Besonderes, was ist das Geheimnis, das du so gesammelt bist?"

Der Mönch antwortete dem Fragenden wiederum: „Wenn ich stehe, dann stehe ich; wenn ich sitze, dann sitze ich; wenn ich esse, dann esse ich; wenn ich spreche, dann spreche ich; wenn ich schweige, dann schweige ich."

Da sagten auch die Umherstehenden: „Das wissen wir jetzt alles. Das tun wir doch auch!"

Der Mönch aber sprach zu ihnen: „Nein, eben das tut ihr nicht. Wenn ihr steht, dann lauft ihr schon; wenn ihr sitzt, dann strebt ihr schon weiter; wenn ihr esst, dann seid ihr schon fertig; wenn ihr sprecht, dann antwortet ihr schon auf Einwände; wenn ihr schweigt, dann seid ihr nicht gesammelt genug; wenn ihr schaut, dann vergleicht ihr alles mit anderem; wenn ihr hört, überlegt ihr euch schon wieder irgendwelche Fragen; wenn ihr lest, seid ihr gleichzeitig mit den Gedanken noch bei anderem; wenn ihr arbeitet, dann sorgt ihr euch schon wieder ängstlich; wenn ihr betet, dann seid ihr von Gott weit weg."

ÜBERLIEFERTE GESCHICHTE

Geh deinen Weg ruhig mitten in Lärm und Hast,
und wisse, welchen Frieden die Stille schenken mag.
ALTIRISCHER SEGENSWUNSCH

Fürwahr, meine Seele ist still und ruhig geworden.
Wie ein kleines Kind bei seiner Mutter;
wie ein kleines Kind, so ist meine Seele in mir.
PSALM 131,2

Anekdote zur Senkung der Arbeitsmoral

In einem Hafen, an einer westlichen Küste Europas, liegt ein ärmlich gekleideter Mann in seinem Fischerboot und döst. Ein schick angezogener Tourist legt eben einen neuen Farbfilm in seinen Fotoapparat, um das idyllische Bild zu fotografieren: Blauer Himmel, grüne See mit friedlichen schneeweißen Wellenkämmen, schwarzes Boot, rote Fischermütze. Klick. Noch einmal: Klick. Und da aller guten Dinge drei sind und sicher sicher ist, ein drittes Mal: Klick. Das spröde, fast feindselige Geräusch weckt den dösenden Fischer, der sich schläfrig aufrichtet, schläfrig nach seiner Zigarettenschachtel angelt. Aber bevor er das Gesuchte gefunden, hat ihm der eifrige Tourist schon eine Schachtel vor die Nase gehalten; ihm die Zigarette nicht gerade in den Mund gesteckt, aber in die Hand gelegt und ein viertes Klick – das des Feuerzeuges – schließt die eilfertige Höflichkeit ab. Durch jenes kaum bemessbare, nie nachweisbare Zuviel an flinker Höflichkeit ist eine gereizte Verlegenheit entstanden, die der Tourist – der Landesprache mächtig – durch ein Gespräch zu überbrücken versucht.

„Sie werden heute einen guten Fang machen." Kopfschütteln des Fischers. „Aber man hat mir gesagt, dass das Wetter günstig ist." Kopfnicken des Fischers.

„Sie werden also nicht ausfahren?" Kopfschütteln des Fischers, steigende Nervosität des Touristen.

Gewiss liegt ihm das Wohl des ärmlich gekleideten Menschen am Herzen, nagt an ihm die Trauer über die verpasste Gelegenheit.

„Oh, Sie fühlen sich nicht wohl?"

Endlich geht der Fischer von der Zeichensprache zum wahrhaft gesprochenen Wort über.

„Ich fühle mich großartig", sagt er. „Ich habe mich nie besser gefühlt." Er steht auf, reckt sich, als wollte er demonstrieren, wie athletisch er gebaut ist. „Ich fühle mich fantastisch." Der Gesichtsausdruck des Touristen wird immer unglücklicher. Er kann die Frage nicht mehr unterdrücken, die ihm sozusagen das Herz zu sprengen droht: „Aber warum fahren Sie dann nicht aus?" Die Antwort kommt prompt und knapp. „Weil ich heute Morgen ausgefahren bin."

„War der Fang gut?"

„Er war so gut, dass ich nicht noch einmal auszufahren brauche. Ich habe vier Hummer in meinen Körben gehabt, fast zwei Dutzend Makrelen gefangen."

Der Fischer, endlich erwacht, taut jetzt auf und klopft dem Touristen beruhigend auf die Schultern. Dessen besorgter Gesichtsausdruck erscheint ihm als ein Ausdruck zwar unangebrachter, doch rührender Kümmernis.

„Ich habe sogar für morgen und übermorgen genug", sagte er, um des Fremden Seele zu erleichtern. „Rauchen Sie eine von meinen?" „Ja, danke."

„Ich will mich ja nicht in Ihre persönlichen Angelegenheiten mischen", sagt er. „Aber stellen Sie sich mal vor, Sie führen heute ein zweites, ein drittes, vielleicht sogar ein viertes Mal aus und Sie würden drei, vier, fünf, vielleicht gar zehn Dutzend Makrelen fangen. Stellen Sie sich das mal vor!"

Der Fischer nickt.

„Sie würden", fährt der Tourist fort, „nicht nur heute, sondern morgen, übermorgen, ja an jedem günstigen Tag zwei-, dreimal, vielleicht viermal ausfahren – wissen Sie, was geschehen würde?" Der Fischer schüttelt den Kopf.

„Sie würden sich in spätestens einem Jahr einen Motor kaufen können, in zwei Jahren ein zweites Boot, in drei oder vier Jahren könnten Sie vielleicht einen kleinen Kutter haben, mit zwei Booten und dem Kutter würden Sie natürlich viel mehr fangen – eines Tages würden Sie zwei Kutter haben, Sie würden …", die Begeisterung verschlägt ihm für ein paar Augenblicke die Stimme, „Sie würden ein kleines Kühlhaus bauen, vielleicht eine Räucherei, später eine Marinadenfabrik, mit einem eigenen

Hubschrauber rundfliegen, die Fischschwärme ausmachen und Ihren Kuttern per Funk Anweisungen geben. Sie könnten die Lachsrechte erwerben, ein Fischrestaurant eröffnen, den Hummer ohne Zwischenhändler direkt nach Paris exportieren – und dann ..." – wieder verschlägt die Begeisterung dem Fremden die Sprache. Kopfschüttelnd, im Tiefsten betrübt, seiner Urlaubsfreude schon fast verlustig, blickt er auf die friedlich hereinrollende Flut, in der die ungefangenen Fische munter springen. „Und dann", sagt er, aber wieder verschlägt ihm die Erregung die Sprache.

Der Fischer klopft ihm auf den Rücken wie ein Kind, das sich verschluckt hat. „Was dann?", fragt er leise.

„Dann", sagt der Fremde mit stiller Begeisterung, „dann könnten Sie beruhigt hier im Hafen sitzen, in der Sonne dösen – und auf das herrliche Meer blicken."

„Aber das tue ich ja jetzt schon", sagt der Fischer. „Ich sitze beruhigt am Hafen und döse, nur Ihr Klicken hat mich dabei gestört."

HEINRICH BÖLL[19]

Wenn man den jetzigen Zustand der Welt betrachtet, das ganze Leben, wie es nun ist, dann müsste man sagen: Es ist eine Krankheit. Und wenn ich ein Arzt wäre und mich jemand fragte: Was meinst du wohl, was getan werden sollte? – Ich würde antworten: Das erste, die unbedingte Bedingung dafür, dass überhaupt etwas getan werden kann, also das erste, was geschehen muss, ist: „Schaff Schweigen, hilf anderen zum Schweigen! Gottes Wort kann sonst nicht gehört werden."

SÖREN KIERKEGAARD

Wer ist unter euch,
der seines Lebens Länge eine Spanne zusetzen könnte,
wie sehr er sich auch darum sorgt?

MATTHÄUS 6,27

Ein guter Rat

Rabbi Schmelke pflegte, damit sein Lernen nicht allzu lange Unterbrechung erleide, nicht anders als sitzend zu schlafen, den Kopf auf dem Arm und zwischen den Fingern ein brennendes Licht, das ihn wecken sollte, sowie die Flamme seine Hand berührte. Als Rabbi Elimelech ihn besuchte und die noch eingesperrte Macht seiner Heiligkeit erkannte, bereitete er ihm sorgsam ein Ruhebett und bewog ihn mit viel Überredung, sich für ein Weilchen darauf auszustrecken. Dann schloss und verhüllte er das Fenster.

Rabbi Schmelke erwachte erst am hellen Morgen. Er merkte, wie lange er geschlafen hatte, aber es reute ihn nicht, denn er empfand eine ungekannte sonnenhafte Klarheit. Er ging ins Bethaus und betete der Gemeinde vor, wie es sein Brauch war. Der Gemeinde aber erschien es, als hätte sie ihn noch nie gehört. So bezwang und befreite alle die Macht seiner Heiligkeit. Als er den Gesang vom Schilfmeer sprach, mussten sie den Saum ihrer Kaftane raffen, dass ihn die rechts und links sich bäumenden Wellen nicht nass machten. Später sagte Schmelke zu Elimelech: „Jetzt erst habe ich erfahren, dass man Gott auch mit dem Schlafe dienen kann."

MARTIN BUBER[20]

*Es ist in dir, und so du magst
eine Stunde schweigen von allem
deinem Wollen und Sinnen,
so wirst du unaussprechliche
Worte Gottes hören.*

JAKOB BÖHME

Es ist umsonst, dass ihr früh aufstehet und hernach lange sitzet und esset euer Brot mit Sorgen; denn seinen Freunden gibt er es im Schlaf.

PSALM 127,2

Ein sehr tätiger Mensch

Es lebte ein Mann, der war ein sehr tätiger Mensch und konnte es nicht übers Herz bringen, eine Minute seines wichtigen Lebens ungenützt vorüberstreichen zu lassen. Wenn er in der Stadt war, so plante er schon, in welchen Badeort er demnächst reisen würde. War er im Badeort angekommen, so beschloss er gleich einen Ausflug nach Marienruh, wo man die berühmte Aussicht hat. Saß er dann auf Marienruh, so nahm er den Fahrplan her, um nachzusehen, wie man am schnellsten wieder zurückfahren könne. Wenn er im Gasthof einen Hammelbraten verzehrte, studierte er während des Essens die Karte, was man nachher nehmen könne. Und während er den langsamen Wein des Gottes Dionysos hastig hinuntergoss, dachte er, dass bei dieser Hitze ein Glas Bier wohl besser gewesen wäre.

So hatte er niemals etwas getan, sondern immer nur ein Nächstes vorbereitet. Und als er auf dem Sterbebette lag, wunderte er sich sehr, wie leer und zwecklos doch eigentlich dieses Leben gewesen sei.

VICTOR AUBURTIN[21]

Wenigstens nachts lass dein Herz ruhen ...
Wenigstens nachts hör auf zu rennen;
besänftige die Wünsche, die dich verrückt machen;
versuch, deine Träume schlafen zu lassen.
Gib dich preis, Leib und Seele,
gib dich preis, endgültig, ohne Rückhalt,
in Gottes Hände.

HELDER CAMARA

Seid also unbesorgt und
fragt nicht unentwegt wie die Heiden:
Was sollen wir essen, was sollen wir trinken,
was sollen wir anziehen?
Euer himmlischer Vater weiß ja,
dass ihr dies alles braucht.
Darum schaut zuerst auf sein Reich,
sucht seine Gerechtigkeit:
Dann wird er euch Essen und Trinken
und Kleidung als Zugabe geben.
Denkt nicht an morgen,
morgen sorgt für sich selbst,
jeder Tag hat genug mit der eigenen Last.

MATTHÄUS 6,31–34

Die Sonne und der Wind

Einmal stritten die Sonne und der Wind, wer von ihnen der Stärkere sei. Da sagte der Wind zur Sonne: „Siehst du den Bauern mit dem dicken Mantel auf dem Felde dort? Ich werde dir zeigen, dass ich ihn zwingen werde, seinen Mantel auszuziehen." Da sagte die Sonne zum Wind: „Bitte, tue das." Der Wind fing an zu blasen und je stärker der Wind blies, desto mehr hielt der Bauer seinen Mantel fest.

Schließlich gab der Wind auf. Die Sonne war nun an der Reihe. Die Sonne strahlte und erwärmte sanft das Gesicht und den Körper des Bauern. Schließlich fing der Bauer an zu schwitzen und zog seinen Mantel aus.

Darauf sagte die Sonne zum Wind: „Sanftmut und Wärme sind immer stärker als Macht und Gewalt."

wussten sie schon,
dass die nähe eines menschen
gesund machen,
krank machen,
tot und lebendig machen kann?
dass die nähe eines menschen
gut machen,
böse machen,
traurig und froh machen kann?

wussten sie schon,
dass das wegbleiben eines menschen
sterben lassen kann?
dass das kommen eines menschen
wieder leben lässt?
dass die stimme eines menschen
einen anderen menschen wieder aufhorchen lässt,
der für alles taub war?

wussten sie schon,
dass das anhören eines menschen
wunder wirkt?
dass das wohlwollen
zinsen trägt?
dass ein vorschuss an vertrauen
hundertfach auf uns zurückkommt?
dass tun mehr ist als reden?
wussten sie das alles schon?

WILHELM WILLMS[22]

Vor allem aber zieht die Liebe an,
die das Band der Vollkommenheit ist.

KOLOSSERBRIEF 3,14

Sich Gleichgewicht schaffen

Ein Bogenschütze ging durch einen Wald in der Nähe eines Hinduklosters. Es war für seine strenge Lehre bekannt. Der Bogenschütze war jedoch erstaunt, dass die Mönche im Garten in der Sonne lagen und miteinander lachten und scherzten.

„Wie zynisch die doch sind, die den Weg Gottes suchen", empörte sich der Bogenschütze laut. „Da sagen sie, Disziplin sei wichtig, und dann sitzen sie faul in der Sonne."

Einer der älteren Mönche hatte ihn gehört. Er stellte ihm eine Frage: „Wenn du einhundert Pfeile hintereinander abschießt, was wird dann mit deinem Bogen geschehen?" „Mein Bogen würde zerbrechen", antwortete der Bogenschütze. „Wenn jemand seine Grenzen überschreitet, bricht er auch seinen Willen", sagte der Mönch. „Wer kein Gleichgewicht zwischen Arbeit und Ruhezeit schafft, verliert seine Begeisterung und wird nicht weit kommen."

ÜBERLIEFERT

Ruhig werden
Ausspannen
Den Atem spüren
Hören
Sehen
Fühlen
An der Wärme der Sonne
Beim Liegen am See
Den Gefühlen nachspüren
Den Gedanken nachgehen
Träumen können
Sehnsüchte spüren
Halt am Boden suchen
Langsam in die Mitte gehen
Gott suchen
Bei ihm verweilen
Aus der Kraft der Mitte
Im Leben sein
Und Handeln

HANS UND MARIE-THERESE KUHN-SCHÄDLER

Und die Apostel kamen bei Jesus zusammen
und berichteten ihm alles,
was sie getan und gelehrt hatten.
Und er sagte zu ihnen:
Geht ihr allein an eine einsame Stelle,
dort ruht ein wenig.

MARKUS 6,30 f.

Die strickende alte Dame

Ich erinnere mich, daß unter den ersten Ratsuchenden, die nach meiner Priesterweihe zu mir kamen, eine alte Dame war, die klagte: „Vierzehn Jahre lang habe ich fast ununterbrochen gebetet, doch nie habe ich ein Gefühl von der Gegenwart Gottes gehabt."

Da fragte ich sie: „Haben Sie ihm Gelegenheit gegeben, ein Wort einzuwerfen?" „Wie das?" entgegnete sie. „Nein, ich habe die ganze Zeit zu ihm gesprochen. Ist das nicht etwa Beten?" „Nein", sagte ich, „ich glaube nicht; und was ich Ihnen empfehle, das ist, daß Sie sich täglich eine Viertelstunde nehmen sollten, einfach da zu sitzen und vor dem Angesicht Gottes zu stricken."

So machte sie es. Und was war das Ergebnis? Schon bald kam sie wieder und sagte: „Das ist ganz merkwürdig ... Wenn ich zu Gott bete, genauer, wenn ich zu ihm spreche, fühle ich nichts, doch wenn ich still dasitze, ihm gegenüber, dann fühle ich mich in seine Gegenwart eingehüllt."

METROPOLIT ANTHONY[23]

Als mein Gebet immer andächtiger und innerlicher wurde, da hatte ich immer weniger und weniger zu sagen. Zuletzt wurde ich ganz still.

Ich wurde, was wohlmöglich noch ein größerer Gegensatz zum Reden ist, ich wurde ein Hörender.

Ich meinte erst, beten sei reden. Ich lernte aber, dass beten nicht bloß schweigen ist, sondern hören.

So ist es: Beten heißt nicht, sich selbst reden hören. Beten heißt: Still werden und still sein und warten, bis der Betende Gott hört.

SÖREN KIERKEGAARD

Wenn du aber betest, so geh in deine Kammer, schließ die Tür zu und bete zu deinem Vater, der im Verborgenen ist; und dein Vater, der ins Verborgene sieht, wird dir's vergelten.

Und wenn ihr betet, sollt ihr nicht viel plappern wie die Heiden; denn sie meinen, sie werden erhört, wenn sie viele Worte machen. Darum macht es nicht wie sie. Denn euer Vater weiß, was ihr nötig habt, bevor ihr ihn bittet.

MATTHÄUS 6,6–8

Streit um ein Zitat

Kurz nach Ende des Ersten Weltkriegs machte ich eines Abends eine unschätzbare Erfahrung in London. Ich nahm an einem Festbankett teil, und während des Essens erzählte mein Tischnachbar eine lustige Geschichte, die sich um das Zitat rankte: „Dass eine Gottheit unsere Zwecke formt, wie wir sie auch entwerfen."

Der Erzähler erklärte, das Zitat stamme aus der Bibel. Er hatte Unrecht, das wusste ich. Ich wusste es ganz sicher. Es konnte nicht den geringsten Zweifel geben. Und um mich in den Vordergrund zu stellen und meine Überlegenheit zu beweisen, spielte ich mich zum ungebetenen und unerwünschten Rechthaber auf und korrigierte ihn. Doch er blieb bei seiner Behauptung.

„Was?", polterte er los. „Von Shakespeare? Niemals. Völlig absurd." Dieses Zitat stamme aus der Bibel, und er wisse es hundertprozentig. Der Herr, der die Geschichte erzählte, saß rechts von mir, Frank Gemmend, ein alter Freund, links von mir. Frank hatte sich viele Jahre dem Studium von Shakespeares Werken gewidmet. Der Erzähler und ich kamen daher überein, ihn zu fragen. Frank hörte zu, trat mir unter dem Tisch gegen das Schienenbein und sagte dann: „Deale, du hast Unrecht. Der Herr hat recht. Das Zitat ist aus der Bibel."

Ich konnte es kaum erwarten, bis ich allein mit Frank war. Auf dem Nachhauseweg sagte ich zu ihm: „Frank, du weißt, dass das Zitat von Shakespeare ist."

„Selbstverständlich", erwiderte er. „Hamlet, 5. Akt, 2. Szene. Aber Deale, wir waren Gäste auf einem festlichen Abend. Warum willst du einem anderen beweisen, dass er Unrecht hat? Wird er damit so wie du? Warum lässt du ihn nicht sein Gesicht wahren? Er hat dich nicht um deine Meinung gebeten. Er war nicht daran interessiert. Warum einen Streit mit ihm beginnen?"

DALE CARNEGIE[24]

Warum musst du dich so behaupten?
Warum kannst du anderes nicht zulassen?
Die Welt ist nicht nur, wie du sie siehst.
Doch zeigt sich das Andere nicht,
wenn du im Voraus immer schon weißt,
wie es ist.
THERESIA HAUSER

Die Weisen halten mit ihrem Wissen zurück;
aber der Toren Mund führt schnell zum Verderben.
SPRÜCHE 10,14

Der alte Bauer und Gott

Eines Tages kam ein alter, grauhaariger Bauer zu Gott und sagte zu ihm: „Schau, du magst Gott sein, und du magst die Welt erschaffen haben. Aber eines muss ich dir sagen: Ein Bauer bist du nicht. Du kennst nicht einmal das ABC des Ackerbaus. Da kannst du noch einiges lernen."

Gott sagte: „Was rätst du mir?" Der Bauer antwortete: „Gib mir nur ein Jahr und lass alle Dinge so geschehen, wie ich es sage. Dann warte ab, was passiert. Es wird auf dieser Welt keine Armut mehr geben."

Und so geschah es. Natürlich bestellte der alte Bauer nur das Feinste vom Feinsten, stets dachte er nur an das Beste: Keinen Donner, keinen starken Wind, keine Gefahren für die Ernte. Alles angenehm behaglich. Er war sehr froh darüber. Der Weizen wuchs und wuchs höher. Wenn er Sonne wollte, schien diese; wenn er Regen wollte, regnete es so viel, wie er wollte. In diesem Jahr lief alles richtig. Der Weizen wuchs sehr, sehr hoch.

Der Bauer ging oft zu Gott und sagte: „Schau, dieses Jahr wird die Ernte so ausfallen, dass sie für viele, viele Jahre reicht. Selbst wenn die Leute nicht arbeiten, wird es genug zu essen geben."

Aber als die Ähren eingefahren wurden, war kein Weizen darin. Der Bauer war völlig ratlos und fragte Gott: „Was ist passiert? Was ist schief gelaufen?" Gott sagte: „Weil es keine einzige Herausforderung gab, keinen Konflikt, keine Reibung. Weil du alles vermieden hast, was schlecht ist, blieb der Weizen unfruchtbar. Ein bisschen Auseinandersetzung gehört zum Leben dazu. Stürme gehören dazu und auch Donner und Blitze. Sie erst rütteln im Weizen die Seele wach."

MÜNDLICH ÜBERLIEFERT

Was uns als schwere Prüfung erscheint,
erweist sich oft als Segen.
OSCAR WILDE

Jesus ging nach seiner Gewohnheit hinaus an den Ölberg. Es folgten ihm aber auch die Jünger. Und als er dahin kam, sprach er zu
ihnen: Betet, damit ihr nicht in Anfechtung fallt! Und er riss sich
von ihnen los, etwa einen Steinwurf weit und kniete nieder, betete
und sprach: Vater, willst du, so nimm diesen Kelch von mir; doch
nicht mein, sondern dein Wille geschehe. Es erschien ihm aber
ein Engel vom Himmel und stärkte ihn. Und er rang mit dem
Tode und betete heftiger und sein Schweiß wurde wie Blutstrop-
fen, die auf die Erde fielen. Und er stand auf von dem Gebet und
kam zu seinen Jüngern und fand sie schlafend vor Traurigkeit und
sprach zu ihnen: Was schlaft ihr? Steht auf und betet, damit ihr
nicht in Anfechtung fallt.

LUKAS 22,39–46

Auf der Durchreise

Ein Mann besuchte ein Kloster. Er wollte eine Woche lang mit den Mönchen leben, um innerlich zur Ruhe zu kommen. Einer der Mönche führte ihn durch das Gebäude. Er zeigte ihm das Gästezimmer. Es war sehr einfach eingerichtet. Später zeigte ihm der Mönch auch den Raum, in dem er selbst lebte. Der Besucher war verblüfft, dass sich auch dort nur ein Bett, ein Schrank, ein Schreibtisch, ein Stuhl und Bücher befanden. Er wandte sich an den Mönch und fragte verwundert: „Wo haben Sie denn Ihre anderen Möbel?"

„Wo haben Sie denn Ihre?", erwiderte der Mönch.

„Meine?", fragte der Besucher verblüfft. „Aber ich bin doch nur zu Besuch hier. Ich bin quasi auf der Durchreise."

„Das bin ich auch", sagte der Mönch.

Der Mensch lebt und bestehet
nur eine kleine Zeit,
und alle Welt vergehet
mit ihrer Herrlichkeit.
Es ist nur Einer ewig
und an allen Enden
und wir in seinen Händen.
MATTHIAS CLAUDIUS

Was ist der Mensch? Wozu taugt er?
Was kann er nutzen oder schaden?
Wenn er lange lebt, so lebt er hundert Jahre.
Wie ein Tröpflein Wasser im Meer
und wie ein Körnlein Sand,
so gering sind seine Jahre im Vergleich mit der Ewigkeit.
JESUS SIRACH 18,7–8

Die Sitten der Stachelschweine

Eine Gesellschaft Stachelschweine drängte sich an einem kalten Wintertag recht nahe zusammen, um sich durch die gegenseitige Wärme vor dem Erfrieren zu schützen.

Bald jedoch empfanden sie die gegenseitigen Stacheln, welches sie dann wieder voneinander entfernte.

Wenn nun das Bedürfnis der Erwärmung sie wieder näher zusammenbrachte, wiederholte sich jenes zweite Übel, so dass sie zwischen beiden Leiden hin- und hergeworfen wurden, bis sie eine mäßige Entfernung voneinander herausgefunden hatten, in der sie es am besten aushalten konnten. Und diese Entfernungen nannten sie Höflichkeit und feine Sitte.

ARTHUR SCHOPENHAUER

Friede entsteht dadurch, dass Kompromisse gefunden werden und dass alle Beteiligten lernen, mit den ungelösten Problemen zu leben.

MANFRED ROMMEL

Ertragt einer den anderen in Liebe.

EPHESERBRIEF 4,2

Vergeben

und

Befrieden

Mit freundlichen Grüßen

Eine berühmte Sängerin erhielt eines Tages einen Brief, der von Beleidigungen nur so strotzte. Freunde rieten ihr, den Briefschreiber zu verklagen. Sie aber winkte ab. Sie hatte eine bessere Methode.

Sie schickte den Brief an den Absender zurück und schrieb dazu: „Gestern wurde mir beiliegender Brief zugestellt. Ich sende ihn Ihnen zu, da Sie als angesehener Bürger wissen müssen, dass irgendein unverschämter Kerl in Ihrem Namen beleidigende Briefe schreibt. Mit freundlichen Grüßen."

VERFASSER UNBEKANNT

Ich glaube, dass Gott aus allem, auch aus dem Bösesten, Gutes entstehen lassen kann und will. Dafür braucht er Menschen, die sich alle Dinge zum Besten dienen lassen.

Ich glaube, dass Gott uns in jeder Notlage so viel Widerstandskraft geben will, wie wir brauchen. Aber er gibt sie nicht im Voraus, damit wir uns nicht auf uns selbst, sondern allein auf ihn verlassen.

Ich glaube, dass auch unsere Fehler und Irrtümer nicht vergeblich sind und dass es Gott nicht schwerer ist, mit ihnen fertig zu werden als mit unseren vermeintlichen Guttaten.

DIETRICH BONHOEFFER

Liebt eure Feinde und bittet für die, die euch verfolgen. Segnet die euch fluchen. Tut wohl denen, die euch hassen und betet für die, die euch beleidigen und verfolgen, damit ihr Kinder seid eures Vaters im Himmel. Denn er lässt seine Sonne aufgehen über Böse und Gute und lässt regnen über Gerechte und Ungerechte.

MATTHÄUS 5,44 f.

Dachau 1945

Das KZ Dachau ist befreit. Die Häftlinge werden an ihren Wachmännern und Peinigern vorbeigeführt, die eine Tafel auf der Brust tragen. Wer für schuldig gehalten wird, gefoltert, schikaniert, getötet zu haben, auf dessen Tafel kann das Opfer einen Strich machen. Die polnischen Priester treten näher und – gehen an den Schildern vorbei. Sie klagen niemanden an.

Die tiefste Erfahrung vom Gelingen menschlichen Lebens
ist nicht eine Erfahrung von eigener Macht,
sondern von Gnade.
Die tiefste Erfahrung des Menschen ist nicht der Mensch,
sondern Gott.
CARL FRIEDRICH VON WEIZÄCKER

Und vergib uns unsere Schuld,
wie auch wir vergeben unsern Schuldigern.
MATTHÄUS 6,12

Pater Maximilian Kolbe

Im August 1941 gelang einem der Häftlinge aus dem KZ in Auschwitz die Flucht. Aus Wut über diesen Fluchtversuch und um andere Häftlinge abzuschrecken, beschloss die Lagerleitung, abends beim Appell zehn Männer auszuwählen, die in einer Zelle ohne Essen und Trinken qualvoll sterben sollten. Der Kommandant rief wahllos zehn Nummern auf und die Männer traten vor. Unter ihnen war auch ein junger Pole, Franz Gajowniczek. Er trat weinend aus der Reihe und schrie: „Ich habe doch eine Frau und drei kleine Kinder zu Hause." Dann brach er zusammen. Da löste sich ein elfter Mann aus der Reihe und ging auf den Lagerleiter zu. „Ich bin katholischer Priester, ich bitte Sie, lassen Sie mich für den Mann gehen, der eine Frau und drei kleine Kinder zu Hause hat." Der Lageleiter war so verblüfft, dass er der Bitte nachgab. Pater Maximilian Kolbe hieß der Mann. Er ging für den jungen Polen in die Zelle und starb dort einen qualvollen elenden Tod. Franz Gajowniczek aber war gerettet. Er hatte durch das Opfer Kolbes sein Leben noch einmal geschenkt bekommen.

Nicht der religiöse Akt macht den Christen,
sondern das Teilnehmen am Leiden Gottes im weltlichen Leben.
  DIETRICH BONHOEFFER

Niemand hat größere Liebe als die,
dass er sein Leben lässt für seine Freunde.
JOHANNES 15,13

Der gerechte Preis

Als der König Anoschirwan mit seinem Gefolge über Land zog, geriet er einmal in eine einsame Berggegend, in der nicht einmal armselige Hütten von Schafhirten standen. Der Koch des Königs begann zu jammern und zu klagen, als er sah, dass in der Gegend nichts als Steine waren. „Erhabener Sultan, ich bin dazu da, deinen Gaumen zu erfreuen. Nun findet sich im Küchenzelt auch nicht das kleinste Körnchen Salz, ohne das jede Speise abscheulich und fad schmeckt. Erhabener Sultan, was soll ich tun?" Anoschirwan erwiderte: „Gehe zurück in das nächste Dorf. Dort findest du einen Händler, der auch Salz feilbietet. Achte darauf, dass du den richtigen Preis zahlst und nicht mehr über das Übliche hinaus."

„Erhabener Sultan", antwortete der Koch, „in deinen Truhen liegt mehr Gold als irgendwo sonst in der Welt. Was würde es dir ausmachen, wenn ich ein bisschen teurer einkaufe? Die Kleinigkeit macht es doch nicht." Der König blickte ernst. „Gerade die Kleinigkeiten sind es, aus denen sich die Ungerechtigkeiten in der Welt entwickeln. Kleinigkeiten sind wie Tropfen, die schließlich doch einen ganzen See füllen. Die großen Ungerechtigkeiten der Welt haben als Kleinigkeiten begonnen. Geh also und kauf das Salz zum üblichen Preis."

ÜBERLIEFERUNG

Verantwortlich sein meint: Der Mensch ist aufgefordert zu antworten, wenn er gefragt wird, was er aus sich gemacht hat.
PAUL TILLICH

Wer im Geringsten treu ist, der ist auch im Großen treu; und wer im Geringsten ungerecht ist, der ist auch im Großen ungerecht.
LUKAS 16,10

Brot in deiner Hand

An der Jakobstraße in Paris liegt ein Bäckerladen; da kaufen viele hundert Menschen ihr Brot. Der Besitzer ist ein guter Bäcker. Aber nicht nur deshalb kaufen die Leute des Viertels dort gern ihr Brot.

Noch mehr zieht sie der alte Bäcker an: der Vater des jungen Bäckers. Meistens ist nämlich der alte Bäcker im Laden und verkauft. Dieser alte Bäcker ist ein spaßiger Kerl. Manche sagen: „Er hat einen Tick." Aber nur manche; die meisten sagen: „Er ist weise, er ist menschenfreundlich." Einige sagen sogar: „Er ist ein Prophet." Aber als ihm das erzählt wurde, knurrte er vor sich hin: „Dummerei …"

Der alte Bäcker weiß, dass man Brot nicht nur zum Sattessen braucht und gerade das gefällt den Leuten. Manche erfahren das erst beim Bäcker an der Jakobstraße. Zum Beispiel der Autobusfahrer Gerard, der einmal zufällig in den Brotladen an der Jakobstraße kam.

„Sie sehen bedrückt aus", sagte der alte Bäcker zum Omnibusfahrer. „Ich habe Angst um meine kleine Tochter", antwortete der Busfahrer Gerard. „Sie ist gestern aus dem Fenster gefallen, vom zweiten Stock."

„Wie alt?", fragte der alte Bäcker.

„Vier Jahre", antwortete Gerard.

Da nahm der alte Bäcker ein Stück vom Brot, das auf dem Ladentisch lag, brach zwei Bissen ab und gab das eine Stück dem Busfahrer Gerard. „Essen Sie mit mir", sagte der alte Bäcker zu Gerard. „Ich will an Sie und Ihre kleine Tochter denken."

Der Busfahrer Gerard hatte so etwas noch nie erlebt. Aber er verstand sofort, was der alte Bäcker meinte, als er ihm das Brot in die Hand gab. Und sie aßen beide ihr Brotstück und schwiegen und dachten an das Kind im Krankenhaus.

Zuerst war der Busfahrer Gerard mit dem alten Bäcker allein. Dann kam eine Frau herein. Sie hatte auf dem nahen Markt zwei Tüten Milch geholt und wollte nun eben noch Brot kaufen. Bevor sie ihren Wunsch sagen konnte, gab ihr der alte Bäcker ein kleines Stück Weißbrot in die Hand und sagte: „Kommen Sie, essen Sie mit uns: Die Tochter dieses Herrn liegt schwer verletzt im Krankenhaus – sie ist aus dem Fenster gestürzt. Vier Jahre ist das Kind. Der Vater soll wissen, dass wir ihn nicht allein lassen." Und die Frau nahm das Stückchen Brot und aß mit den beiden.

So war das oft in dem Brotladen, in dem der alte Bäcker die Kunden bediente. Aber es passierte auch anderes, über das sich die Leute noch mehr wunderten. Da gab es zum Beispiel einmal die Geschichte mit Gaston:

An einem frühen Morgen wurde die Ladentür aufgerissen und ein großer Kerl stürzte herein. Er lief vor jemandem fort; das sah man sofort. Und da kam ihm der offene Bäckerladen gerade recht. Er stürzte also herein, schlug die Tür hastig hinter sich zu und schob von innen den Riegel vor.

„Was tun Sie denn da?", fragte der alte Bäcker. „Die Kunden wollen zu mir herein, um Brot zu kaufen. Machen Sie die Tür sofort wieder auf." Der junge Mann war ganz außer Atem. Und da erschien vor dem Laden auch schon ein Mann wie ein Schwergewichtsboxer. In der Hand eine Eisenstange. Als er im Laden den jungen Kerl sah, wollte er auch hinein. Aber die Tür war verriegelt.

„Er will mich erschlagen", keuchte der junge Mann.

„Wer? Der?", fragte der Bäcker.

„Mein Vater", schrie der Junge und er zitterte am ganzen Leibe. „Er will mich erschlagen. Er ist jähzornig. Er ist auf neunzig!"

„Das lass mich nur machen", antwortete der alte Bäcker. Ging zur Tür, schob den Riegel zurück und rief dem schweren Mann zu: „Guten Morgen, Gaston!" „Am frühen Morgen regst du dich schon so auf? Das ist ungesund. So kannst du nicht lange leben. Komm herein, Gaston, aber benimm dich. Lass den Jungen in Ruhe! In meinem Laden wird kein Mensch umgebracht."

Der Mann mit der Eisenstange trat ein. Seinen Sohn schaute er gar nicht an, und er war viel zu erregt, um dem Bäcker antworten zu können. Er wischte sich mit der Hand über die feuchte Stirn und schloss die Augen. Da hörte er den Bäcker sagen: „Komm, Gaston, iss ein Stück Brot; das beruhigt. Und iss es zusammen mit deinem Sohn; das versöhnt. Ich will auch ein Stück Brot essen, um euch bei der Versöhnung zu helfen." Dabei gab er jedem ein Stück Weißbrot. Und Gaston nahm das Brot. Auch sein Sohn nahm das Brot. Und als sie davon aßen, sahen sie einander an und der alte Bäcker lächelte beiden zu. Als sie das Brot gegessen hatten, sagte Gaston: „Komm, Junge, wir müssen an die Arbeit."[25]

Zwei Dinge, Herr, sind Not,
die gib in deiner Huld.
Gib uns das täglich Brot,
vergib uns unsere Schuld.
TISCHGEBET

Das Brot, das wir brechen,
ist es nicht die Gemeinschaft mit dem Leib Christi?
Denn ein Brot ist's: Also sind wir viele ein Leib,
weil wir alle an einem Brot teilhaben.
1. KORINTHERBRIEF 10,16 f.

Das Glück nicht zerstören

Als der Krieg zwischen den beiden benachbarten Völkern unvermeidlich war, schickten die Feldherren von beiden Seiten Späher aus, um zu erkunden, wo man am leichtesten in das Nachbarland einfallen könnte. Die Kundschafter kehrten zurück und berichteten auf beiden Seiten dasselbe: Es gäbe nur eine Stelle an der Grenze, die sich dafür eigne.

„Dort aber", sagten sie, „wohnt ein braver kleiner Bauer in einem kleinen Haus mit seiner anmutigen Frau. Sie haben einander lieb und es heißt, sie seien die glücklichsten Menschen auf der Welt. Sie haben ein Kind. Wenn wir nun über ihr Grundstück marschieren, dann zerstören wir das Glück. Also kann es keinen Krieg geben."

Das sahen die Feldherren wohl oder übel ein und der Krieg unterblieb, wie jeder Mensch begreifen wird.

CHINESISCHES MÄRCHEN

Wir leben im Frieden, in einem unfertigen, notdürftigen, immer gefährdeten Frieden. Die Kräfte bedenkend, die ihm entgegenstehen, die Belastungen zählend, denen er ausgesetzt ist, die Aufgaben prüfend, die er uns stellt, möchte ich das, womit wir dem Frieden heute dienen können, mit wenigen Worten sagen: Widerstand, Widerstand gegen die, die den Frieden bedrohen mit ihrem Machtverlangen, mit ihrer Selbstsucht, mit ihren rücksichtslosen Interessen.

SIEGFRIED LENZ

Vergeltet niemandem Böses mit Bösem. Seid auf das Gute bedacht gegenüber jedermann. Ist's möglich, so viel an euch liegt, so habt mit allen Menschen Frieden.

RÖMERBRIEF 12,17 f.

Wie spielt man Frieden?

Ein alter Mann ging über einen großen Platz. Er setzte sich auf eine Bank und beobachtete Kinder, die offensichtlich „Krieg" spielten. Mit Stöcken und grellen „Peng-Peng-Schreien" rannten sie aufeinander los. Auch ganz kleine waren dazwischen. Nachdenklich stand der Mann eine Weile in der Nähe. Dann ging er entschlossen auf die Gruppe zu und sagte bittend: „Kinder, spielt doch nicht Krieg." Der bittende Klang der Stimme des alten Mannes machte die Kinder betroffen. Etwas verlegen zogen sie sich an eine Mauer zurück, berieten eine Weile miteinander. Dann kamen sie wieder zu dem Mann, der sich auf die Bank gesetzt hatte. Ein kleiner Junge stellte sich vor ihn und fragte: „Du, wie spielt man denn Frieden?"

NACH JÖRG ZINK

Wenn jeder eine Blume pflanzte

Wenn jeder eine Blume pflanzte,
jeder Mensch auf dieser Welt,
und, anstatt zu schießen, tanzte
und mit Lächeln zahlte, statt mit Geld –
wenn ein jeder einen andern wärmte,
keiner mehr von seiner Stärke schwärmte,
keiner mehr den andern schlüge,
keiner sich verstrickte in der Lüge,
wenn die Alten wie die Kinder würden,
sie sich teilten in den Bürden,
wenn dies Wenn sich leben ließ,
wär's noch lang kein Paradies –
bloß die Menschenzeit hätt' angefangen,
die in Streit und Krieg uns beinah ist vergangen.

PETER HÄRTLING[26]

Lass ab vom Bösen
und tu Gutes;
suche Frieden und
jage ihm nach.

PSALM 34,15

Das Geheimnis der Kinder

An einem Fluss wohnten zwei Bauern. Der eine am rechten, der andere am linken Ufer.

Die Bauern waren neidisch aufeinander. Wenn sie morgens pflügten, schimpfte der eine, weil sein Feld im Schatten lag, das des Nachbarn aber in der Sonne. Und wenn sie abends Holz hackten, schimpfte der andere, weil sein Haus jetzt im Schatten, das des Nachbarn aber in der Sonne lag.

Auch die Frauen der Bauern waren unzufrieden und eines Morgens, als die eine Wäsche aufhing, schrie sie ein böses Wort ans linke Ufer hinüber. Und als sie abends Wäsche abnahm, gab die andere das böse Wort ans rechte Ufer zurück.

Nur mittags, wenn die Sonne hoch am Himmel stand, herrschte Ruhe und Frieden, weil die Bauern mit ihren Frauen unter den Apfelbäumen lagen und schnarchten.

Die beiden Kinder der Bauern aber saßen in der Mittagszeit am Wasser und langweilten sich. Eines schönen Tages war der Wasserspiegel gesunken und aus dem Wasser ragten so viele große Steine heraus, dass die Kinder hinüberhüpfen konnten. Sie trafen in der Mitte zusammen. Sie setzten sich dort auf einen großen Stein und fingen an, sich gegenseitig Geschichten zu erzählen. Von nun an hüpften sie jeden Mittag über die Steine, um sich in der Mitte zu treffen.

Die Eltern aber wunderten sich, woher ihre Kinder plötzlich Dinge wussten, von denen sie selbst noch nie gehört hatten. Doch eines Tages – nach einem langen Regen – hörten die Kinder auf, Geschichten zu erzählen, zu lachen, zu singen. Das Wasser im Fluss war wieder angestiegen und die Kinderbrücke verschwunden. Da erfuhren die Eltern endlich das Mittagsgeheimnis ihrer Kinder, und sie fingen an nachzudenken.

Als sie lange genug nachgedacht hatten, beschlossen sie, zusammen mit ihren Kindern aus den übrig gebliebenen Steinen eine Brücke zu bauen.

MÄRCHEN AUS DER SLOWAKEI

Frieden kannst du nur haben, wenn du ihn gibst.

MARIE VON EBNER-ESCHENBACH

Die Böses planen, haben Trug im Herzen; aber die zum Frieden raten, haben Freude.

SPRÜCHE 12,20

Die Apfelsine

Sybille kam vom Spielplatz zurück. Müde schlenkerte sie ihr Sandeimerchen hin und her. Sie kam an einem kleinen Obstgeschäft vorbei. Draußen vor dem Laden lagen zwei hohe Berge mit Apfelsinen. Die waren gut gegen ihren Durst. Sybille vergaß weiterzugehen. Sie starrte auf die lockenden Früchte. Ganz ohne Netz lagen sie in einer offenen Kiste vor ihr. Niemand würde bemerken, wenn eine fehlte. Der Laden war leer. Sie schaute nach rechts und nach links. Auch auf der Straße sah sie niemanden. Sie überlegte; sie zögerte – sie griff: Eine Apfelsine fiel in das Sandeimerchen.

Als sie rasch davonlaufen wollte, stand hinter ihr der Kaufmann. „Guten Tag, mein Fräulein!", sagte er. Dabei schaute er Sybille in die Augen. Sie konnte nicht weitergehen; sie konnte nicht reden. Auch der Kaufmann sagte nichts. Sie fasste in das Sandeimerchen und reichte dem Kaufmann die Apfelsine. Er nahm sie und suchte in der Tasche nach einem Messer. Dann hockte er sich neben Sybille. Ganz langsam schnitt er mit dem Messer die Schale auf. Keiner sagte ein Wort. Als der Kaufmann damit fertig war, drückte er ihr die geschälte Apfelsine in die Hand. Sie wollte sie nicht nehmen, sie schämte sich. Aber er stand auf, nickte Sybille zu und ging wieder in seinen Laden.

HANS-PETER RICHTER

Vergebung ist keine einmalige Sache,
Vergebung ist ein Lebensstil.
MARTIN LUTHER KING

Denn wenn ihr den Menschen ihre Verfehlungen vergebt, so wird euch euer himmlischer Vater auch vergeben.
MATTHÄUS 6,14

Stichwortregister

Quellennachweis

1. Luise Rinser, Mitte des Lebens. © S. Fischer Verlag Frankfurt/Main 1950.

2. Rainer Maria Rilke, Sämtliche Werke. © Insel Verlag Frankfurt/Main 1966.

3. Heinz Zahrnt, Gotteswende. © Piper Verlag München 1989, S. 129 f.

4. Mutter Teresa, Worte der Liebe. Hrsg. und aus dem Englischen übertragen von Franz Johna. © Verlag Herder Freiburg 3. Auflage 1994.

5. Aus: Johannes Hansen, Auf den Punkt gebracht. © Neukirchener Verlagsgesellschaft Neukirchen-Vluyn 1993.

6. Joe Lederer, Von der Freundlichkeit der Menschen. © Desch Verlag München 1964; © F.A. Herbig Verlagsbuchhandlung München.

7. Christine Brückner, Nirgendwo in Poenichen. © Ullstein Buchverlage Berlin 1992.

8. Blüte. Aus: Norbert Lechleitner, Ein Lächeln für die Seele. © Verlag Herder Freiburg, S. 69.

9. Rudolf Otto Wiemer, Ernstfall. © J.F.Steinkopf Verlag Stuttgart 3. Auflage 1989.

10. Martin Buber, Die Erzählungen der Chassidim. © Manesse Verlag Zürich 1949.

11. Dietrich Bonhoeffer, Preview. © Verlag Christian Kaiser / Gütersloher Verlagshaus Gütersloh.

12. Prof. Dr. Lothar Seiwert, Das Bumerangprinzip: Mehr Zeit fürs Glück. © Verlag Gräfe und Unzer 2002 München.

13. Nossrat Peseschkian, Der Kaufmann und der Papagei. © Fischer Taschenbuch Verlag Frankfurt/Main 1979.

14. Lina Donohue. © Neukirchener Verlagsgesellschaft Neukirchen-Vluyn.

15. Aus: Josef Dirnbeck, Gott lacht. © Pattloch Verlag München 2006, S 122.

16. Aus: Josef Dirnbeck, Gott lacht. © Pattloch Verlag München 2006, S 35.

17. Hanns Dieter Hüsch, Sei gut behütet. Aus: Michael Blüm, Hanns Dieter Hüsch, Das kleine Buch zum Segen. © tvd-Verlag Düsseldorf [10]2008, S. 10.

18. Elisabeth Kübler-Ross u.a., Wie sie wurde, wer sie ist. © Harper & Row. Publishers Inc.

19. Heinrich Böll. Werke. Band 12. 1959–1963. Hrsg. von Robert C. Conrad. © 1967, 1994, 2008 by Verlag Kiepenheuer & Witsch, Köln.

20. Martin Buber, Die Erzählungen der Chassidim. © Manesse Verlag Zürich 1949.

21. Victor Auburtin, Gesamtwerk. © Langenmüller Verlag in der F.A. Herbig Verlagsbuchhandlung München.

22. Wilhelm Willms, wußten sie schon. Aus: Der geerdete Himmel. © Verlag Butzon & Bercker Kevelaer 7. Auflage 1986.

23. Metropolit Anthony, Lebendiges Beten. Aus dem Englischen übertragen von Franz Johna. © Verlag Herder Freiburg 3. Auflage 1994.

24. Dale Carnegie, Wie man Freunde gewinnt (1936). Deutsche Ausgabe: Scherz Verlag Bern, München, Wien 1986. © Fischer Verlag GmbH Frankfurt/Main.

25. Aus: H.A.Mertens, Brot in deiner Hand. © J. Pfeiffer Verlag München 6. Auflage 1982.

26. Peter Härtling, Und hören voneinander. Reden aus Zorn und Zuversicht. © Radius-Verlag Stuttgart 1983.